低碳经济视角下低碳旅游发展研究

李璇 著

中国纺织出版社有限公司

图书在版编目（CIP）数据

低碳经济视角下低碳旅游发展研究 / 李璇著. --北京：中国纺织出版社有限公司，2023.6
ISBN 978-7-5229-0608-9

Ⅰ.①低… Ⅱ.①李… Ⅲ.①旅游业发展－节能－研究－中国 Ⅳ.①F592.3

中国国家版本馆CIP数据核字（2023）第091734号

责任编辑：刘 茸　　责任校对：高 涵　　责任印制：王艳丽

中国纺织出版社有限公司出版发行
地址：北京市朝阳区百子湾东里A407号楼　邮政编码：100124
销售电话：010—67004422　传真：010—87155801
http://www.c-textilep.com
中国纺织出版社天猫旗舰店
官方微博 http://weibo.com/2119887771
三河市宏盛印务有限公司印刷　各地新华书店经销
2023年6月第1版第1次印刷
开本：710×1000 1/16 印张：11
字数：130千字 定价：88.00元

凡购本书，如有缺页、倒页、脱页，由本社图书营销中心调换

前 言

现如今，旅游业已成为我国国民经济发展的一项重要产业，更是人们日常生活的重要组成部分，在区域经济发展中发挥着重要作用。基于生态文明理念，低碳旅游的发展也得到世界各国各地区以及各产业部门的关注，以期在满足旅游者的优质体验感的同时，又以最少的碳排放获得最佳的社会经济效益和环境效益，实现旅游经济的可持续发展。

本书共分为六章，第一章基础性地概述了低碳经济的内涵与特征、理论依据、关系梳理，以及指标与评价。第二章对旅游经济的性质、地位与作用、主要内容、区域结构作出了详细解读。第三章梳理了低碳经济的发展路线，包括应对全球气候变暖、中长期发展与我国战略选择、减排技术与政策扶持等。第四章分析了旅游发展的可持续化规划。第五章探讨了低碳旅游的低碳管理，同时提及了我国旅游业低碳化发展的困境，并对其提出了策略建议。第六章对旅游经济发展方式转变的路径进行了深入研究，包括理论路径转变、技术路径转变、市场路径转变等。

由于水平有限，本书在编写过程中难免存在一定的不足与缺陷，诚盼广大读者批评指正。

作者

2023 年 5 月

目 录

第一章 低碳经济概述 ·· 1

    第一节 低碳经济的内涵与特征 ······································ 1

    第二节 低碳经济形成的理论依据 ···································· 8

    第三节 低碳经济发展的关系梳理 ··································· 20

    第四节 低碳经济的指标与评价 ····································· 27

第二章 旅游经济解读 ·· 33

    第一节 旅游经济的性质 ··· 33

    第二节 旅游经济的地位与作用 ····································· 36

    第三节 旅游经济结构的主要内容 ··································· 43

    第四节 旅游产业结构与区域结构 ··································· 50

第三章 低碳经济的发展路线 ·· 61

    第一节 应对全球气候变暖 ··· 61

    第二节 低碳经济发展的实质与目标 ································· 71

    第三节 中长期发展与我国战略选择 ································· 73

    第四节 减排技术与政策扶持 ······································· 83

第四章 旅游发展的可持续化规划 ········· 89

第一节 可持续发展与旅游景区规划 ········· 89
第二节 旅游对景区的影响 ········· 92
第三节 旅游景区可持续发展调控 ········· 99

第五章 低碳旅游的低碳管理 ········· 107

第一节 低碳旅游的必要性与可行性 ········· 107
第二节 我国旅游业低碳化发展的困境 ········· 119
第三节 发展低碳旅游的策略建议 ········· 123
第四节 基于生态文明建设的中国低碳经济法律保障 ········· 129

第六章 旅游经济发展方式转变的路径研究 ········· 137

第一节 旅游经济发展方式转变的理论路径 ········· 137
第二节 旅游经济发展方式转变的技术路径 ········· 145
第三节 旅游经济发展方式转变的市场路径 ········· 150
第四节 旅游经济发展方式转变路径的保障措施 ········· 159

参考文献 ········· 167

第一章 低碳经济概述

第一节 低碳经济的内涵与特征

一、低碳经济的内涵

(一) 低碳经济的基本概念

"碳"有广义和狭义之分。从广义的角度看，碳包括《京都议定书》中规定的二氧化碳（CO_2）、甲烷（CH_4）、氧化亚氮（N_2O）、氢氟碳化物（HFCs）、全氟化碳（PFCs）和六氟化硫（SF_6）六种主要的温室气体；从狭义的角度看，碳指造成当下全球气候问题的二氧化碳气体，尤其是化石能源燃烧产生的二氧化碳。所谓的"低"针对的是当前高度依赖化石燃料能源生产消费体系导致的"高"的碳强度及"低"的碳生产率状况，旨在将碳强度降低到自然资源和环境容量能有效配置和利用的水平。"低碳"指较低温室气体的排放。

低碳经济，指最大限度减少煤炭和石油等高碳能源消耗的经济，发展以低能耗、低污染为基础的经济，它兼顾"低碳"和"经济"，是为了应对当下全球气候问题，实现社会经济可持续发展的模式。"低碳"要求在经济发展过程中，最大程度减少或停止对碳基燃料的依赖，利用新能源，实现经济转型升级。"经济"要求在能源利用转型的过程中保持经济增长的稳定性、可持续性，它并不排斥发展与产出的最大化，更不是对经济发展的抑制。低碳经济下的"经济"

覆盖国民经济和社会发展全方面。

英国政府2003年颁布的能源白皮书《我们能源的未来：创建低碳经济》中首次提出"低碳经济"概念，旨在提高能效、采用可再生能源和碳捕获与封存（CCS）技术，为低碳发展模式勾勒蓝图，但没有明确其内涵和可对比的指标体系。作为一种新兴经济模式，低碳经济以市场机制为基础，通过制定、创新相应的制度和政策，推动提高能效技术、节约能源技术、可再生能源技术和温室气体减排技术的开发运用，从而实现社会经济向高能效、低能耗、低排放的转型。

(二) 关于低碳经济的理解

低碳经济是一种新兴经济理念，学界对它的观点不一。从不同维度来看，低碳经济有着不同的解释。

1. 全新理念变革维度

从全新理念变革维度看，低碳经济指以低能耗、低污染、低排放为基础的经济模式。走进低碳经济时代，是人类社会继农业文明、工业文明后的又一次重大进步。从本质上看，低碳经济是对现代经济运行方式的反思，涉及生产模式、生活方式、价值理念和国家权益等若干方面。

现如今，碳排放量成为衡量人类经济发展方式的新标识，在有关碳减排的国际履约协议下，低碳经济应运而生。它表面上是为减少温室气体排放的努力结果，实质上则是经济发展方式、能源消费方式、人类生活方式的全方位、立体化变革，是对基于化石燃料为基础的现代工业文明的改造，追求一种生态经济和生态文明。作为一种新型经济发展模式，低碳经济是对能源结构、产业结构和技术结构的调整。《中国发展低碳经济途径研究》报告将"低碳经济"定义为"一个新的经济、技术和社会体系，与传统经济体系相比，在生产和消费中有助于节省能源，减少温室气体排放，同时还能保持经济和社会发展的势头"。

2. 全新经济发展模式维度

从全新经济发展模式维度看，低碳经济指经济发展的碳排放量、生态环境代价和社会经济成本最低的经济，是低碳发展、低碳产业、低碳技术和低碳生活等一类经济形态的总称，也是一种有助于改善地球生态系统自我调节能力的可持续发展的新经济形态。

在低碳经济发展模式下，能够实现更少的自然资源消耗和获得更多的经济产出，提高人类生活质量和标准，推动人类社会的生态、可持续发展。作为一种绿色经济形态，低碳经济是以低能耗、低污染、低排放和高效能、高效率、高效益（"三低三高"）为基础，以低碳为发展方向，以节能减排为发展方式，以碳中和技术为发展方法的绿色经济发展模式。作为一种全新的经济发展模式，它符合可持续发展的理念和资源节约型、环境友好型的社会要求，与目前倡导的节能减排和循环经济联系紧密。作为生态文明时代下的经济模式，它促使"高碳、高熵、高代价"的工业文明转变为"低碳、低熵、低代价"的生态文明，是建设新型工业文明和生态文明的最佳契合点。总之，发展低碳经济，应当从绿色产业、新型能源结构和创新型市场经济体制入手。

3. 气候变化问题解决维度

从气候变化问题解决维度看，低碳经济指尽可能降低温室气体排放量的经济发展方式，尤其是控制二氧化碳的排放，旨在避免气候的灾难性变化，实现人类社会的可持续发展。

现如今，气候问题成为全世界关注点，对此，世界各国各地区的人们要转变粗放式行为方式，减少不必要的碳排放，中国制定和落实低碳经济战略，有助于解决环境和发展问题。

（三）低碳经济的实质

低碳经济是未来经济发展一大趋势，它的实质是高效利用各种能源、开发清洁能源、通过创新能源和减排技术，调整产业结构和制度，转变人类生存发展观念，在此基础上进行能源革命，追求"绿色GDP"，以减少温室气体的排放，缓解气候变化问题，形成一套新的技术生产标准。

综上所述，低碳经济是经济发展方式、能源消费方式和人类生活方式的变革，它以减缓气候变化和实现人类社会可持续发展为目标，涉及广泛的行业和领域，其中以开发利用低碳产品、低碳技术和低碳能源为主。从技术层面看，低碳经济涉及电力、交通、建筑、冶金、石化和化工等行业，以及可再生能源、新能源、煤的清洁高效利用、油气资源和煤层气的勘探开发、二氧化碳捕获与埋存等领域，研发控制温室气体排放的新技术。

二、低碳经济、循环经济、绿色经济与生态经济的关系

20世纪下半叶，随着科技的飞跃发展，各种新经济理念涌现，其中就包括低碳经济、循环经济、绿色经济和生态经济。这一时期，世界工业经济扩张，人口激增、人类欲望的膨胀及生产生活方式的无节制造成了生态破坏、环境污染、全球气候变暖。新经济理念的提出，让人们重新审视人与自然的关系，在陷入能源危机、环境危机、生存危机后开始对发展模式进行审视和改进，使这些新经济理念之间产生诸多联系，同时保持各自的独特性。

(一) 低碳经济、循环经济、绿色经济与生态经济的共同点

1. 从全新的理念变革角度理解

该观点认为，低碳经济是以低能耗、低污染和低排放为基础的经济模式，是人类社会继农业文明、工业文明之后的又一次重大进步。低碳经济实质上是对现代经济运行的深刻反思，是一场涉及生产规模、生活方式、价值观念和国家权益的全球性能源经济革命。

浙江工业大学的鲍健强教授就曾指出，碳排放量成为衡量人类经济发展方

式的新标识，碳减排的国际履约协议孕育了低碳经济。表面来看，低碳经济是为减少室温气体排放所做努力的结果。但实质上，低碳经济是经济发展方式、能源消费方式、人类生活方式的一次新变革，将全方位地改造建立在化石燃料（能源）基础之上的现代工业文明，转向生态经济和生态文明。还有部分学者认为，发展低碳经济是一种经济发展模式的选择，它意味着能源结构和产业结构的调整，以及技术的革新。中国环境与发展国际合作委员会所发布的《中国发展低碳经济途径研究》最终将低碳经济定义为"一个新的经济、技术和社会体系，与传统经济体系相比在生产和消费中能够节省能源，减少温室气体排放，同时还能保持经济和社会发展的势头"。

2. 相同的支撑点

这些新经济理念都以绿色科技和生态经济伦理为支撑点。绿色科学技术，指以人与自然和谐相处为目标，在生态自然观指导下，受生态意识支配和生态伦理、生态价值约束的科学技术，追求人与自然协同演进、共同发展，实现人类社会与自然社会的和谐统一。人与自然的关系随着绿色科学技术的发展进步势必更融洽、和谐，经济、社会和生态环境获得可持续发展。作为一种旨在适应当代人类发展的生态经济新时代需要的新经济伦理，生态经济伦理要求人们树立高度环境忧患意识，在可持续发展理念指导下，追求和谐、平衡的经济发展。

3. 共同的追求目标

这些新经济理念作为环境危机、能源危机后人类对经济发展模式重新调整的产物，都体现了对可持续发展的追求，旨在构建资源节约型和环境友好型社会。这些新经济理念，强调将生产和消费置于地球这一生态系统下，遵循经济发展客观规律，考虑自然生态系统的承载能力，做到最大限度节约自然资源，提高资源利用效率。

(二)低碳经济、循环经济、绿色经济与生态经济的区别

1. 研究的侧重点有所不同

循环经济侧重于整个社会的物质循环,强调在经济活动中利用"3R"原则(减量化原则、再使用原则、再循环原则)实现资源节约和环境保护,在生产、流通、消费全过程提高资源利用效率。

绿色经济是一个相对宽泛的概念,以经济与环境和谐为目标,尝试将环保技术、清洁生产工艺等有益于环境的技术转化为生产力,通过有益于环境或与环境无对抗的经济行为,在现代科技手段支持下进行绿色生产、绿色流通、绿色消费,实现经济的提质增效。

生态经济吸收了生态学的相关理论,追求经济与生态的协调,强调经济系统与生态系统的有机结合,以太阳能或氢能为基础,要求产品生产、消费和废弃的全过程密闭循环。

低碳经济是针对碳排放量、应对能源危机和全球气候变暖问题而言的,通过建立低碳经济结构,减少碳能源消费以及全社会温室气体排放,在保持较高的经济发展水平的同时,让碳排放量处于较低的水准。

2. 实施控制的环节不同

从经济系统和自然系统相互作用的过程看,生态经济从资源输入端分析经济活动与自然系统的相互作用;循环经济从废弃物输出端考虑,关注资源的利用,尤其是不可再生资源的枯竭对经济发展的影响;绿色经济关注经济活动的输出端,即废弃物对环境的影响,旨在环境保护;低碳经济强调经济活动的能源输入端,通过减少碳排放量,避免地球大气层中的温室气体浓度发生较大变化,从而保护人类生存的自然生态系统,适应气候变化。

3. 强调的核心内容不同

生态经济以实现经济和自然系统的可持续发展为核心;循环经济以物质循

环为核心，通过对各种物质的循环利用，提高资源效率和环境效率；绿色经济强调以人为本，以发展经济、全面提高人民生活福利水平为核心，保障人与自然、人与环境的和谐共存，促使社会系统公平运行；低碳经济以低能耗、低污染、低排放为基础，核心在于能源技术创新、制度创新和人类生存发展观念的根本性转变。

（三）低碳经济、循环经济、绿色经济与生态经济的关系

低碳经济、生态经济、绿色经济与循环经济在研究侧重点、核心内容以及实现手段等方面有不少共同点和区别，从本质上看，它们都属于生态经济，是经济活动的生态化。绿色经济是可持续发展的经济，循环经济是支撑低碳经济、通向绿色经济、实现经济活动生态化的生产、发展方式。这些新经济理念的提出，都是为了解决人类可持续发展的问题。

综上所述，低碳经济是实现可持续发展的必由之路和主要途径。在四者的联系中，低碳经济起到"画龙点睛"的作用。

三、低碳经济的基本特征

尽管经济学界尚未对"低碳经济"的定义形成统一看法，但低碳指"较低温室气体的排放"这一界定是毋庸置疑的。面对全球气候变暖问题，人类社会需要采取适当手段降低生态系统碳循环中的人为碳通量，减少碳源、增加碳汇，改善生态系统的自我调节能力。低碳经济基本特征如下。

（一）低能耗

低碳经济，是相对于无约束的碳密集能源生产方式和能源消费方式的高碳经济而言的。作为目前最可行的、可量化的、可持续发展模式，低碳经济有助于温室气体长期减排并促进人类社会的可持续发展，这需要通过发展清洁、低碳能源技术，构建低碳经济增长模式和低碳社会消费模式，以此协调经济发展，

保护全球气候。

(二) 低排放

低碳经济，是相对于化石能源的传统经济发展模式而言的一种新能源经济形态，以清洁、高效、多元和可持续为发展方向，发展关键在于促进经济增长与由能源消费引发的碳排放"脱钩"，实现经济与碳排放错位增长，通过能源替代、发展低碳能源和无碳能源控制经济体的碳排放弹性，从而最终实现经济增长的碳脱钩。可见，发展低碳经济的直接目的在于降低单位能源消费量的碳排放量，通过提高碳捕捉、碳封存、碳蓄积的技术，降低能源消费的碳强度，控制二氧化碳排放量的增长速度。

第二节　低碳经济形成的理论依据

低碳经济的理论体系由莱斯特·R.布朗首次提出。20世纪末，面对"过量温室气体造成全球变暖"问题，布朗倡导尽快从以化石燃料为核心的经济，转变成为以太阳能源、氢能源为核心的经济。他在《B模式——拯救地球延续文明》中明确主张"减少一半碳排放"，加快可再生能源利用和氢能经济的发展，以缓解"气候变暖"现象，这为低碳经济奠定了理论基础。

低碳经济要求最大限度减少温室气体的排放，并兼顾经济的稳定增长，强调社会经济系统、自然生态系统和科学技术系统组成的大系统和系统的良性循环，以社会经济与自然生态的和谐发展，提高人类生存环境质量为目标。低碳经济理论来源丰富，内容涉及多个学科，详述如下。

一、经济学理论

(一) 国际经济学理论

国际经济合作,指为了共同的利益,不同主权的国家政府、国际经济组织和超越国家界限的自然人与法人通过竞争与协调,重点在生产领域以生产要素移动和重新分配为主要内容而进行较长期的跨国家的经济协作活动,以实现双赢乃至多赢。发展低碳经济通过构建完善的碳排放权交易体系,密切国际的交流、互动,通过国际间的贸易发挥比较优势,实现碳排放权在全球范围内的最优配置,以此建立国际经济合作形式,推动低碳经济发展。

(二) 绿色经济理论

"绿色经济"是皮尔斯在20世纪80年代末提出的一种新经济思想,它以市场为导向,以传统产业经济为基础,以经济与环境协调发展为目的的新型经济形态,旨在提高人类社会生存质量,满足环保和健康的需要。

20世纪90年代,绿色经济学问世。绿色经济追求可持续发展,遵循"开发需求、降低成本、加大动力、协调一致、宏观有控"准则,作为一个微观经济,它关乎一个国家乃至全球范围的经济发展。绿色经济是以维护人类生存环境、合理保护资源与环境、有益于人体健康为特征的经济,强调平衡、协调发展。

(三) 循环经济理论

20世纪中叶,环境保护运动兴起,循环经济思想萌芽。所谓"循环经济",指在人、自然资源和科学技术的大系统内,在资源投入、企业生产、产品消费及其废弃的全过程中,将依赖资源消耗的经济转变为依靠生态型资源循环的经济。鲍尔丁提出的"宇宙飞船经济理论"是循环经济的早期代表理论,他认为地球就像在太空中飞行的宇宙飞船,要靠不断消耗自身有限的资源才能生存,如果不合理开发资源、保护环境,最终会像宇宙飞船那样走向毁灭。鉴于此,他提出了以下几点要求：第一，改变过去的"增长型"经济，代之以"储备型"经济；第二，改变传统的"消耗型"经济，代之以休养生息的经济；第三，实行注重福利量的经济，摒弃只注重生产量的经济；第四，建立既不会使资源枯竭，又不会造成环境污染和生态破坏，能循环使用各种物资的"循环式"经济，代替过去的"单程式"经济。

传统经济增长过程是以"资源—产品—废弃物"为单向直线的过程，随着财富的累积，消耗的资源和产生的废弃物越来越多，大大加重了环境负担。而循环经济追求以尽可能小的资源消耗和环境成本，获得尽可能大的经济和社会效益，实现经济系统与自然生态系统的物质循环过程和谐发展，让资源"取之不尽、用之不竭"，它是对粗放式经济模式的根本性变革。

从基本特征来看，循环经济表现为：第一，在资源开采环节，大力提高资源综合开发和回收利用率；第二，在资源消耗环节，大力提高资源利用效率；第三，在废弃物产生环节，大力开展资源综合利用；第四，在再生资源产生环节，大力回收和循环利用各种废旧资源；第五，在社会消费环节，大力提倡绿色消费和低碳生活。

究其根本，循环经济是一种生态经济，可以运用生态学规律来指导人类社会的经济活动，它在遵循自然生态系统物质循环和能量流动规律基础上，重构经济系统，使之和谐地纳入自然生态系统的物质循环的过程中，构建一种新的经济形态。在循环经济模式下，经济活动是一个"资源—产品—再生资源"的反馈式流程，以低开采、高利用、低排放为特征，是在可持续发展思想指导下，采取清洁生产方式，对能源及其废弃物实行综合利用的生产活动过程。

作为一种科学的发展观以及全新的经济发展模式，循环经济具有自身独特性，具体表现如下。

1. 新的系统观

循环是指在一定系统内的运动过程，循环经济系统是由人、自然资源和生态环境等要素构成的大系统，将生产到消费全过程置于大系统中，并将自己作为大系统一部分探究符合客观规律的经济原则，以"退田还湖""退耕还林""退牧还草"等生态系统建设作为基础工作，维持大系统的可持续运行。

2. 新的经济观

传统工业经济活动下，资本和劳动力在循环，但自然资源并没有。循环经济不局限于以机械工程学的规律来指导经济活动，而是在遵循生态学规律基础上，既考虑工程承载能力，又考虑生态承载能力。对于某一生态系统而言，当系统中的经济活动超过其资源承载能力，形成恶性循环时，生态系统会退化。因此，生态系统的平衡发展，要以经济活动不超过资源承载能力为前提。

3. 新的价值观

传统工业经济将自然生态系统视为"取料场"和"垃圾场"，而循环经济将其作为可利用的资源，以及人类赖以生存和发展的基础，认为它是一个需要通过若干手段维持良性循环的生态系统。在具体经济活动中，既考虑科学技术对自然的开发能力，又考虑它对生态系统的修复能力；既考虑人对自然的征服能力，又重视人与自然和谐相处的能力，以实现人的全面发展。

4. 新的生产观

受传统工业经济的生产观念影响，自然资源被无限开发，以创造更大的社会价值、攫取更多的利润。循环经济的生产观念则在充分考虑自然生态系统的承载能力基础上，采取有效的技术手段，提高自然资源的利用效率，促进对资源循环再利用。循环经济要求在实际生产活动中遵循"3R"原则，一是资源利用的减量化原则，在生产的投入端尽可能少地输入自然资源；二是产品的再使用原则，尽可能延长产品的使用周期，并在多种场合使用；三是废弃物的再循环原则，最大限度地减少废弃物排放，追求排放的无害化，实现资源再循环。

另外，在生产中尽可能地用可循环再生的资源替代不可再生资源，例如利用太阳能、风能和农家肥等，让生产活动与自然生态系统相适应；利用高科技，以知识投入替代物质投入，实现经济、社会与生态的协调发展，切实提高人们生存环境质量。

5. 新的消费观

传统工业经济以"拼命生产、拼命消费"为特征，而循环经济主张适度消费、层次性消费，并考虑废弃物的资源化，树立循环生产和消费的观念；采取税收和行政等手段，限制以不可再生资源为原料的一次性产品的生产与消费。

二、生态学理论

(一) 生态学概述

生态学是一门研究生物与环境相互关系的学科，是协调和统筹人与自然的关系、引领人类可持续发展的理论体系。物种具有生态特性，表现为其生存、活动和繁殖需要一定的空间，所需要的物质、能量以及所适应的理化条件的差异性。任一生物的生存并不是孤立的，同一物种之间有合作和竞争，不同物种之间存在复杂的相生相克关系。人类为追求自身需求，对环境进行改造，而环境又深刻地影响人类社会。随着人类活动范围的扩大和多样化，人类与环境的关系问题愈发突出，生态学研究的范围扩大到包括人类社会在内的多元生态系统的复合系统，其一般规律表现在以下方面。

1. 种群

当环境无明显变化时，种群所栖息环境的空间和资源是有限的，承载的生物数量也有限。当超过承载限度，种群增长率会下降乃至出现负值，数量减少；当种群数量减少到一定限度时，种群增长率会再度上升，种群数量与环境允许的限度形成一个平衡点。

2. 群落

物种间相生相克规律反映了生物间的协调关系，奠定了生物群落的基础，表现为食物链、竞争和互利共生。

3. 生态系统

在生态系统中，植物、动物、微生物和非生物成分，随着能量的不停流动，一方面不断地从自然界摄取物质并合成新的物质，另一方面又随时分解为简单的物质，重新被植物所吸收，由此形成物质循环。

4. 人与环境的关系

在改造自然的过程，人类必须遵循物质代谢的规律。首先，因势利导，合理开发生物资源，不能只顾短期利益而忽视了长远发展；其次，采取有效手段减少环境污染，以免大量有毒的工业废弃物进入环境，甚至超出生态系统和生物圈的降解和自净能力，从而危及人类以及其他生物的生存。

(二) 生态经济理论

生态经济是促进经济发展与环境保护、物质文明与精神文明、自然生态与人类生态和谐统一的可持续发展经济。生态经济要求在生态系统承载能力范围内，运用生态经济学原理和系统工程方法转变传统生产和消费方式，充分开发和挖掘可利用资源潜力，打造一批生态高效的产业，营造体制合理、社会和谐的文化以及生态健康、景观适宜的环境。

作为"社会—经济—自然"复合生态系统，生态系统不但包括物质代谢关系、能量转换关系及信息反馈关系，还包括结构、功能和过程的关系，具备良好的生产、生活、供给、接纳、控制和缓冲功能。生态经济理论一般包括以下内容。

1. 生态经济区划、规划与优化模型

运用生态与经济协同发展的观点指导社会经济建设，加强生态经济区划和规划，根据各地区的自然经济特点，发挥其生态经济总体功能，实现生态经济效益的最大化。

2. 生态经济基本理论

包括社会经济发展同自然资源和生态环境的关系，人类的生存、发展条件与生态需求，生态价值理论、生态经济效益、生态经济协同发展等。

3. 生态经济管理

实行生态经济管理，需要构建符合生态经济的教育、科研和行政管理体系，制定国家的生态经济标准和评价生态经济效益的指标体系，改革不利于生态与经济协同发展的管理体制与政策，加强生态经济立法与执法。从事重大经济建设项目，要进行生态环境经济评价。

4. 生态经济史

生态经济问题具有历史普遍性，同时随着社会生产力的发展，又具有历史的阶段性特点。研究生态经济史有助于把握生态经济发展的内在规律性，为生态经济建设提供指导。

(三) 生态足迹理论

生态足迹，指能够持续地提供资源或消纳废弃物的、具有生物生产力的地域空间，即维持个人、地区、国家的生存所需要的或能够容纳人类所排放的废物、具有生物生产力的地域面积。

生态足迹需求与自然生态系统的承载力 (生态足迹供给)，能定量判断某一国家或地区目前可持续发展的状态，并对未来人类生存和社会经济发展作出科学规划和建议。生态足迹是根据人类为维持自身生存而利用自然的量来评估人类对生态系统的影响。例如，一个人所排放的二氧化碳总量可以转换成吸收这些二氧化碳所需要的森林、草地或农田的面积,其粮食消费量可以转换为生产这些粮食所需要的耕地面积。因此,生态足迹被形象理解成一只负载着人类和人类所创造的城市、铁路、工厂、农田等的巨脚,踏在地球上时留下的脚印。生态足迹的数值越高,说明人类对生态的破坏就越严重。分析生态足迹,有助于人类积极寻求一种不超过地球承受力的经济发展方式。

生态足迹将每个人消耗的资源折合成为全球统一的、具有生产力的地域面积。计算区域生态足迹总供给与总需求之间的差值(生态赤字或生态盈余),了解不同区域对于全球生态环境现状的贡献程度,不仅能反映区域的资源供给能力和资源消耗总量,还能反映个人或地区的资源消耗强度,揭示了人类持续生存的生态阈值。它以相同的单位比较人类的需求和自然界的供给,让区域的可持续发展状况有一个清晰的可比性,评估的结果体现在所分析的每一个时空尺度上,人类对生物圈所施加的压力及其量级,因为生态足迹取决于人口规模、物质生活水平、技术条件和生态生产力。

生态足迹指标的提出为核算某个地区或者某个国家,甚至全球的自然资本利用状况提供了简明方法,测量人类对自然生态服务的需求与自然所能提供的生态服务之间的差距,了解人类对生态系统的利用状况,以便在地区、国家甚至全球的尺度上比较人类对自然的消费量与自然资本的承载量。

生态足迹的计算基于两个前提,一是可以保留大部分消费资源和废弃物;二是这些资源以及废弃物大部分可以转换成可提供这些功能的生物生产性土地。生态足迹的计算方式让某个国家或地区使用了多少自然资源一目了然。由于这些足迹并不是一片连续的土地,人们使用的土地与水域面积分散在全球各个角落,这需要通过一系列研究来确定其位置。

(四)生态的可持续发展理论

生态的可持续发展,指既满足当代人的需求,又不对后代人满足其自身需求的能力构成危害的发展,其定义包括的层面有:一种支援性的国际经济环境;维护、合理使用并提高自然资源基础;走向国家和国际平等;在发展计划和政策中纳入对环境的关注和考虑。

从内涵来看,生态的可持续发展内容有:发展的可持续性,人类经济和社会的发展不能超越资源和环境的承载能力;人与人关系的公平性,当代人在发展与消费中让后代人有同样的发展机会,同一代人中一部分人的发展不应损害另一部分人的利益;人与自然的协调共生,建立新的道德观念和价值标准,学会尊重自然、师法自然、保护自然,实现和谐相处;突出发展的主题,发展与经济增长存在本质区别,发展注重社会、科技、文化、环境等多方面因素的全面性,是人类共同的和普遍的权利,是一项不容剥夺的基本权利。

科学发展观强调将社会全面协调发展与可持续发展联系起来,以经济社会全面协调可持续发展为基本要求,追求人与自然和谐,实现经济发展和人口资源、环境的协调,坚持走生产发展、生活富裕、生态良好的生态文明发展之路,为后代人的延续创造有利生存环境。从无节制攫取环境资源到受到自然界惩罚,再到最终选择可持续发展,反映出人类文明的进化,是人类一次历史性的重要转折。综上所述,可持续发展是社会、经济、人口、资源、环境相互协调、和谐的发展,要求在满足当代人需求的同时,又不危及后代人的发展。

作为一种新型经济发展模式,可持续发展强调节约资源和保护环境,反映在经济生活和社会生活的方方面面,包括经济、生态和社会可持续发展等,以"代际公平"和"代内公平"为考虑重点。它讲究经济效率、关注生态和谐、追求社会公平,最终实现人的全面发展。

低碳经济,是在可持续发展理念指导下,通过实体经济的发展模式转型、技术创新、制度创新、产业转型、新能源开发等多元手段,尽可能地减少煤炭、石油等高碳能源消耗，减少对化石燃料的依赖，减少温室气体排放，达到经济社会发展与生态环境保护同步的一种经济发展形态。

三、经济系统控制论

经济系统控制论是系统论、控制论和信息论渗入经济科学而产生的一门边缘学科，以各种经济系统的控制问题为研究对象，通过定性和定量相结合的方法分析各经济系统的功能，利用各种控制方法来实现资源最优化配置的，为低碳经济提供理论指导。

(一) 经济系统论

1. 经济惯性原理

一个封闭的经济系统，几乎与外界不发生任何关系，无法获得外力作用推动经济的发展。任何经济实体，在它不与外界发生作用的封闭状态下，都会表现出相对静止状态，甚至出现经济衰退。

2. 经济加速度原理

封闭的系统是没有加速度的惯性系统，开放系统则是有加速度的发展系统。从经济系统控制论看，为了国民经济的持续健康发展，必须坚持对外开放，让经济系统与外界环境建立联系，采用引进外资和先进技术等手段，从而产生促进系统内部协同发展的外力。

3. 经济内动力原理

要想将一个没有加速度的惯性系统变成有加速度的开放系统，关键在于改变经济系统中内在结构。其中，有势能差的非平衡系统是动态发展的系统，无势能差的平衡系统则是不发展的系统，它遵循势能最小原理。一个具有内在发展机制的经济系统定然是一个有差异、非均匀和非平衡态的经济系统，对此，需要改革僵化经济体制，扩大系统内的势能差，加强系统各组成部分之间的互补作用，赋予系统自组织作用和内在动力。

4. 系统层次原理

对于不同层次的系统而言，其运动规律是有差别的。低碳经济有宏观、中观和微观层次之分，并且还能在此基础上进行细化。由此可见，不加区分地制定低碳经济决策显然并不适用。

5. 经济竞争协和原理

在微观经济系统下，企业的发展在竞争规律和协同规律共同作用下进行，外部表现为竞争力，内部表现为协同力。前者让企业导向与外界相适应，后者能最大程度发挥企业的整体功能。在低碳经济系统中，从生态大系统视角出发，在生态学原理指导下，注重企业之间在科技工业园区中的协同，从而实现企业链的循环。

6. 经济承载能力原理

一个经济系统的改革、开放和发展的程度，不应超过其生态系统的承载能力，否则会打破系统的动态平衡，造成系统的崩溃。此外，还需要注重提高经济系统改革、开放和发展对系统的承载能力，但在一定时间内，这种提高必然是有限的，原因在于人类对于地球生态系统、自然资源的认知有限。

(二) 经济控制论

经济控制论把经济效果假设为信息源，价格视为传输信息的通道，把收入看作信息的一种受体。好比通信系统中发报机、传输和收报机。根据统计学理论，价格以及收入的信息必须足够多，变化必须灵敏且迅速，以便人们及时得到真实、全面的经济效果信息。通过对信息传输的速率和效率的定量分析，有助于研究对不同经济体制的控制能力。

在低碳经济系统下，经济控制论不仅要求经济效果的信息，还要求社会效果、环境效果、资源效果和对生态系统影响的效果，将经济体制控制能力的分析置于大系统中。经济控制论由以下理论组成。

1. 经济耦合理论

经济控制论将自给自足的经济系统视为孤立系统，将分工协作的经济系统视为包含串联耦合和并联耦合的系统。串联耦合，指甲企业的产出是乙企业的投入，乙企业的产出则成为丙企业的投入，而丙企业的产出又成为甲企业的投入，从而形成一个串联回路。低碳经济系统中的控制论要求在企业产品的生产过程以及废弃物处理中都要形成串联回路，实现两者的耦合。并联耦合，指一个企业要输入多个企业的产品，又将本企业产品输往多个其他企业，从而形成了一个并联回路。这种多元耦合反映在低碳经济系统下废弃物在企业之间的交叉输配。通常而言，产品输出串联企业越多，生产效率越低；废弃物输出串联企业越多，资源利用效率越高。

2. 经济反馈理论

在经济反馈理论下，企业发展低碳经济要考虑生态成本，转变单一追求经济效益的观念，使企业的外部效益内部化。生态成本高，价格就高，同时还要面临绿色产品市场准入制度，市场容易出现萎缩问题，投入成本会提高，久而久之，那些高能耗、高污染的企业便会被市场淘汰。

3. 最优化理论

最优化理论下低碳经济增长模式，指在一定自然资源投入的情况下，使总产出最大化，二氧化碳以及废弃物的排放量最小化。在此基础上选择最优化的决策方案，解决工作时间、设备更新期、人员调配、产业布局和能源结构等一系列问题。

第三节　低碳经济发展的关系梳理

一、低碳经济与经济结构战略性调整的关系

改革开放来四十多年来，我国经济实现了跨越式发展，如今稳居世界第二大经济体。然而，经济在发展的同时，我国的能源消费量也在激增，是世界最大的能源生产和消费国之一。为了承担一个大国应有的责任，树立良好的国际形象，我国必须立足发展实际，结合自身发展各阶段特征，坚持低碳经济发展之路。这就要求在不牺牲经济发展的基础上实现低碳化，近期表现为能源效率的提高，远期表现为产业结构和能源结构的调整，新能源和可再生能源的开发利用。发展低碳经济，要转变经济发展方式，优化产业结构升级，推进经济结构战略性调整，切实提高自主创新能力和节能环保水平，增强综合国力和国际竞争力，促进国民经济持续、健康发展。

在过去很长一段时间，我国采用的是粗放式经济增长模式，虽然我国工业投资得到了高速发展，但生产的消耗和排放同样不容小觑；另外，自主创新能力不强，导致经济发展更多地依赖附加值低且占地多、消耗多、排放多的"贴牌式"生产方式来实现，长此以往，经济必然受到能源资源短缺的影响。要扭转这一局面，必须发展低碳经济，转变经济发展方式，优化产业结构，推动供给侧结构性改革，全面提升自主创新能力。

现代产业体系的构建依靠经济结构战略性调整，经济增长以依靠第二产业带动转变为第一、第二、第三产业齐头并进；将传统粗放式经济增长方式转变为集约型生产模式，注重产业结构的优化升级，坚持走科技含量高、经济效益好、资源消耗低、环境污染少、人力资源优势得以充分发挥的新型工业化道路；

大力推进信息化与工业化的融合,振兴装备制造业,加快基础设施建设,改造传统产业,淘汰落后生产能力;加快发展诸如信息、生物、新材料、航空航天等高新技术产业;加快培育战略性新兴产业,打造公平竞争的市场环境,制定利好政策,推进高端装备制造、新能源、新材料等新一代产业的培育,实现产业结构的低碳化,最终走上可持续发展道路。

经济结构战略性调整,要求增强自主创新能力,将以物质资源消耗为主的经济转变为依靠科技、劳动者素质和管理创新为主的经济,打造资源节约型、环境友好型社会,提升综合国力。纵观我国发展战略全局,发展低碳经济要求有雄厚的科学技术作为支撑。鉴于此,要坚持走中国特色自主创新道路,加大对自主创新投入,将增强自主创新能力贯穿到现代化建设方方面面,攻克技术难关,打破西方发达国家对关键技术的垄断;构建国家创新体系,推动基础研究、前沿技术研究、社会公益性技术研究;建立以企业为主体、市场为导向、产学研相结合的技术创新机制,将创新要素向企业集聚,加快科研成果向现实生产力的转化。总而言之,就是在发展低碳经济过程中寻求技术突破,以减少资源消耗和污染排放量,提高能源效率和资源利用率为目标。

经济结构战略性调整将建设资源节约型、环境友好型社会置于工业化、现代化发展突出位置,大力发展低碳经济,构建系统、科学的能源资源利用体系,实现节能环保;遵循减量化、再利用、资源化原则,以提高能源资源利用率为核心,以节能、节水、节材料、节地、资源综合利用为重点,促进产业结构优化,依靠科技、法律等手段,加强环保和节能意识,形成节约型增长和消费机制,促进国民经济的可持续发展。针对各行业存在的产能过剩状况,加快淘汰浪费能源资源、污染环境的落后工艺、技术和设备,通过宏观指导引导投资,避免低水平重复建设,从根本上转变经济发展方式。

坚持低碳经济发展之路,以经济结构战略性调整为前提,为经济发展方式的转型提供保障。这是应对全球气候问题的根本途径，更是实现可持续发展的内在需要，有利于突破经济发展过程中资源和环境瓶颈性约束，走上新型工业化道路，顺应世界经济社会变革趋势，构建起完善的可持续发展政策机制和保障体系。总之，发展低碳经济有效促进我国产业升级和技术创新，在增强国际竞争力，树立负责任大国形象中发挥重要意义。

二、低碳经济与循环经济的关系

低碳经济，泛指在生产、流通和消费环节降低化石能源消耗、减少温室气体排放活动的总称。在可持续发展理念指导下，通过采用技术创新、产业转型、新能源开发等多种手段，尽可能地减少煤炭、石油等高碳能源消耗，减少二氧化碳等温室气体排放，调整能源结构，实现社会经济发展与生态环境保护的双赢。作为一种以减少温室气体排放为主要关注点，以建立低碳能源系统、低碳技术体系和低碳产业结构为基础的新经济形态，低碳经济要求制定低碳政策、开发利用低碳技术和产品，以便更好地应对全球气候变化。

循环经济，指在人、自然资源、社会经济和科学技术的大系统下，经过资源投入、企业生产、产品消费及废弃物处理等环节，将传统的依赖资源消耗的线性增长经济，转变为依靠生态型资源循环经济，构建"资源—产品—废弃物—再生资源"的反馈式循环体系，一种通过资源循环利用，来减少自然资源投入、排放废弃物以及对环境造成危害的经济发展模式。循环经济是对新型经济发展方式的概括，是经济活动实践的产物。

(一) 低碳经济与循环经济的共同之处

低碳经济与循环经济存在共同之处具体表现如下。

1. 都是促进经济发展方式转变的发展方式

循环经济从资源减量化、再循环、再利用角度减少资源消耗，降低环境末端治理的成本，缓解资源紧张和环境污染问题；低碳经济通过降低煤炭、石油等化石能源的消耗，减少二氧化碳的排放，应对全球化石能源过快消耗和气候变化，推动经济结构的"低碳化"。

2. 都追求人类可持续发展

在生产和消费过程中，低碳经济和循环经济模式都需要考虑自然生态系统的承载能力，做到节能环保，提高能源效率和资源利用率，追求可持续发展。

3. 都注重技术创新和制度创新

二者都以技术创新为支撑，以制度创新为保证，以生态经济伦理为支撑点。其中，低碳经济侧重低碳技术的配套，循环经济侧重循环技术的发展。技术的进步和突破为这两种发展模式注入源动力。

（二）低碳经济与循环经济的区别

低碳经济与循环经济根本宗旨是一致的，即通过制度和政策措施的制定和创新以及科学技术进步，推动高投入、高消耗、高排放、低效益的社会经济发展模式向低投入、低消耗、低排放、高效益的社会经济模式转型，促进经济社会的良性发展，但二者同样存在区别。

1. 低碳经济是循环经济的重要组成部分和深化

低碳经济重在解决高耗能、高污染、高排放的问题，循环经济强调调和资源有限和需求无限的矛盾，以及经济发展和环境保护的矛盾。

2. 二者核心不同

低碳经济以低能耗、低污染、低排放为基础，实质是高能源利用效率和清洁能源结构问题，核心是能源技术创新、制度创新和人类生存发展观念的根本性转变。循环经济是物质的循环，使各种物质循环利用起来，以提高资源效率和环境效率。

3. 二者针对的重点不同

低碳经济主要针对的是能源领域和应对全球气候变暖问题，从建立低碳经济结构、减少碳能源消费入手，试图建立全社会减少温室气体排放，应对全球气候变化的应急处理机制和发展模式。循环经济既是一种发展模式，也是一种生产方式，在遵循成本效益原则下，利用生态学原理，循环利用经济活动中的有限资源，高效率或无浪费地使用资源的一种生产方式。

在产业导向方面，低碳经济强调构建减少化石能源特别是煤炭、石油消耗的产业体系，而循环经济对任一产业结构均进行废弃物循环使用。

在技术运用方面，低碳经济通过新能源技术、替代化石能源等措施实现。循环经济不仅依赖循环技术，由于成本效益的原因，还要对采用这种技术后的成本效益进行分析。

在地区布局上，循环经济强调工业共生和代谢生态链关系，要求上下游企业实现地域的相对集中，形成循环利用链，将废弃物的排放单位和利用单位在空间上有效集中，以产生较大聚集效益。低碳经济并不强调地域上的集聚，针对的是产业结构的问题，要求开发利用低碳能源，对能源供给与利用进行优化，寻找替代能源，实现清洁生产。

低碳经济和循环经济两种经济形态相互联系、相互区别，我们要充分利用二者的技术创新优势，取长补短，推动经济的提质增效。

三、低碳经济与技术创新进步的关系

科技是第一生产力，当下的经济活动，应当围绕降低清洁能源开发成本和攻克核心技术开展，大力推进技术创新，坚持低碳经济发展道路。现如今，国家大力倡导自主创新，出台了一系列利好政策推进新能源产业发展，对可再生能源技术、节能减排技术、清洁环保技术和核能技术进行创新，推广应用节能环保和资源循环利用技术。坚持低碳经济发展道路，通过以节能和新能源基础，提高能源使用效率和发展清洁能源，实现经济发展"低碳化"。技术创新为低碳经济发展注入动力，运用系统的思维促进技术与相关制度的创新，有助于我国低碳经济发展目标的实现。

当下，发展低碳经济，开发和使用低碳技术是节能减排的主要途径，技术进步和技术创新在应对全球气候变化、社会低碳化方面发挥重要作用。技术创新为发展低碳经济提供技术保障，低碳技术的商业化和产业化，其在经济发展方式转变和气候变化应对中的效果显著增强。对此，必须采取适当的政策手段激励技术创新，从而实现经济发展模式的"低碳"。

根据创新强度，传统的创新理论分为渐进性创新与突破性创新。渐进性创新指对现有技术的非质变性的改革与改进，是基于现存市场上主流顾客的需要而进行的线性、连续的过程；突破性创新相对于渐进性创新而言，与旧有技术相比，它在规模的增长、效率或设计上有着无法比拟的技术优势。例如，与传统化石能源技术相比，以可再生能源技术为主体的低碳技术就是一种突破性创新。也有学者将低碳技术视为一种技术范式的转变，即对传统能源技术以及建立在传统能源技术之上的社会、经济系统进行的根本性变革。传统碳基技术使社会经济技术系统形成了路径依赖，这种依赖一方面来自建立在传统能源技术之上的技术锁定，另一方面源于制度锁定。所谓"制度"，指规范人类行为的所有约束变量，包括正式的约束，（例如法律、经济规则与合同），以及非正式的约束（例如社会习俗与行为规范）。低碳技术创新是一个通过技术范式的转变来实现对原有技术经济系统进行解锁的过程。

在选择战略性新兴产业方面，需要注重战略性长远规划。例如，在能源领域，选择新能源、可再生能源和非化石能源作为未来发展重点；在交通领域，选择电动汽车作为发展重点；在信息领域，以智能电网和相关技术为发展重点；

在制造业领域，突出节能减排各方面的设计。这样一来，科学技术与经济发展有望实现深入融合，增强社会的可持续发展能力和发展动力。在全球气候变化大背景下，以低碳技术为支撑的新兴产业应运而生。基于此，企业应当从发展战略、研发投入、人才激励着手，注重技术创新，不断增强自主创新能力，以便更好地应对"低碳时代"的挑战，抓住机遇实现发展。有序推进低碳经济新兴产业发展，打造一批在低碳技术领域掌握核心技术知识产权的先进企业，建成一批以低碳生产方式和消费方式为特征的示范城市，为构建我国低碳产业体系和全面发展战略性新兴产业奠定基础。

实践表明，技术创新进步在提高能源效率、改善能源消费结构、减少温室气体排放等方面起着积极作用。技术研发的速度和方向深刻影响社会经济活动的环境效应，技术创新已然成为应对全球气候变化和发展低碳经济的重中之重，不管是新能源的开发，还是能源利用效率的提高，都需要科技进步和创新的支持。要注意的是，技术创新应有一定的阶段顺序，像太阳能、生物质能和风能，都是比较好的可再生资源，且风能和太阳能"取之不尽，用之不竭"，环保效果好，值得优先发展。因此，我们必须注重技术创新，制定多元化清洁能源发展战略，大力发展技术比较成熟且经济效益较好的核能、天然气、水电，辅之以风能、太阳能和生物质能等有长期发展潜力的新能源。

发展低碳经济是一个系统、复杂的过程，内容庞杂。由于我国低碳产业技术尚不成熟，缺乏高端管理技术，在低碳经济道路上处于摸索阶段。不少企业着眼于低碳产业的巨大投资机会和市场前景，却忽视了其替代传统能源的原始任务，以及技术创新的重要性。

综上所述，发展低碳经济，走低碳可持续发展道路，仅靠扩大低碳经济产业是难以实现的，技术创新才是关键，是解决能源短缺和环境问题的根本途径，这也是发展低碳经济的本质所在。

第四节　低碳经济的指标与评价

一、低碳经济相关指标

(一) 碳源

《联合国气候变化框架公约》将碳源定义为向大气中释放二氧化碳的过程、活动或机制，碳源量即碳的排放量与吸收量之差。

(二) 碳汇

碳汇，指从大气中清除二氧化碳的过程、活动或机制，反映森林吸收并储存二氧化碳的能力，可以细分为森林碳汇、草原碳汇、沙漠碳汇。

1. 森林碳汇

作为陆地上最大的生态系统，有着"地球之肺"之称的森林在稳定全球生态平衡方面具有涵养水源、调节气候、净化空气、防风固沙以及保护生物多样性等独特作用，能够吸收二氧化碳、抑制全球气候变暖。陆地生态系统中57%的碳都储存于森林中，全球每年大气和地表碳流动量的90%源于森林。森林每生长1立方米，平均吸收1.83吨二氧化碳，释放1.62吨氧气。因此，为了应对全球气候变暖，可以通过森林碳汇增加森林面积来实现。

2. 草原碳汇

作为不亚于森林碳汇的珍贵资源，草原具有重要的生态价值和经济价值，在缓解气候变暖、防风固沙、水源涵养、保持水土、空气净化以及维护生物多样性等方面起到良好效果。每亩天然草原的固碳能力为0.1吨，相当于减少0.46吨二氧化碳排放量。我国的西藏、内蒙古有着大片草原，这些巨大的碳汇体对亚欧大陆乃至全球气候都有着重要的影响。

3. 沙漠碳汇

内蒙古有 5.6 亿亩可利用的沙漠或荒漠化土地，其中 1.2 亿亩可种植灌木、半灌木，2.8 亿亩可种草，碳汇可达 12 亿吨。这些草木作为本土品种，适应当地干旱缺水、寒冷多风的自然环境，成活率高。开发沙漠碳汇资源，有助于沙漠的"绿化"，改善生态环境；开发生物质能，获得清洁能源。可见，沙漠碳汇有着广阔的开发前景。

(三) 碳税

碳税是指针对二氧化碳排放所征收的税。它以环境保护为目的，希望通过削减二氧化碳排放来减缓全球变暖。碳税通过对燃煤和石油下游的汽油、航空燃油、天然气等化石燃料产品，按其碳含量的比例征税来实现减少化石燃料消耗和二氧化碳排放。与总量控制和排放贸易等市场竞争为基础的温室气体减排机制不同，征收碳税只需要额外增加非常少的管理成本就可以实现。

针对源头征收碳税有两种分类方法。其一，把碳税分为原始碳税和最终碳税。原始碳税，当化石能源被开采或进口到某国时征税；最终碳税，当化石能源被卖给企业或家庭用于提供能量时征税。其二，把碳税分为源头碳税与目的地碳税。源头碳税针对国内化石能源生产者，在石油和天然气开采的源头以及煤的挖掘处征税；目的地碳税针对在国内消费的碳来征税。

二、低碳经济的评价方法

(一) 层次分析法 (AHP)

层次分析法，简称 AHP，是指将与决策总是有关的元素分解成目标、准则、方案等层次，在此基础之上进行定性和定量分析的决策方法。低碳经济作为一种发展新理念、新模式、新规则，涉及能源、环境、经济系统等多个方面，在此基础上依据低碳经济评价指标体系的层次分析法原理提出评价方法，尽管这种评价方法较为复杂，但确保了评价的全面性、综合性。这种只需要进行加权求和的评价方式，有助于反映出低碳经济发展整体状况。

(二) 模糊层次分析法

模糊层次分析法是20世纪70年代美国运筹学 T.L. Saaty 教授提出的一种定性与定量相结合的系统分析方法。

1. 应用模糊层次分析法评价省区的低碳经济发展

应用模糊层次分析法对省区的低碳经济发展进行实证分析，得出当地低碳经济综合评价指数，然后进行评价，建立以六大系统为基础的低碳经济评价指标体系，具体如下。

（1）经济发展系统。包括人均 GDP、居民的收入、第三产业比重、对外开放度、外贸进出口总额、K&D 经费占 GDP 比重等指标。

（2）低碳技术系统。包括清洁能源的比例、工业废水重复利用率、城市生活垃圾无害处理率、低能耗建筑比例、温室气体捕获与封存比例、城镇生活污水处理率、工业固体废弃物综合利用率、单位种植面积的化肥量等指标。

（3）低碳能耗排放系统。包括单位 GDP 能耗、单位 GDP 的二氧化碳排放量、单位 GDP 的二氧化硫排放量、单位 GDP 的化学需氧量等指标。

（4）低碳社会系统。包括每万人拥有公交车数量位、恩格尔系数、城市化率、基尼系数、人口自然增长率等指标。

（5）低碳环境系统。包括森林覆盖率、人均绿地面积、建成区绿地覆盖率、自然保护区省辖区面积等指标。

（6）低碳理念系统。包括公众对环境保护的满意率、环境教育普及率、居民低碳理念等指标。

2. 运用模糊层次分析法和主成分分析法评价城市低碳经济

主成分分析法是一种统计方法。通过正交变换将一组可能存在相关性的变量转换为一组线性不相关的变量，转换后的这组变量叫主成分。运用模糊层次分析法和主成分分析法筛选各子系统评价指标主成分，对城市低碳经济进行综合评价，并建立以四大系统为基础的城市低碳经济综合评价指标体系，具体如下。

（1）经济系统。包括人均GDP、城镇居民可支配收入、第三产业比重、第三产业从业人员比重、农村居民纯收入等指标。

（2）科技系统。包括单位GDP能耗、单位GDP的二氧化碳排放量、单位GDP的二氧化硫排放量、新能源的比例、温室气体捕获与封存比例、能源消费弹性系数、低能耗建筑比例、工业废弃物综合利用率、工业废水达标率、生活垃圾无害处理率等指标。

（3）社会系统。包括每万人拥有公交车数、恩格尔系数、城市化率、R&D投入占财政支出比重、人均住房面积、公众对环境保护的满意率、环境教育普及率、居民的低碳理念及普及率等指标。

（4）环境系统。包括森林覆盖率、人均绿地面积、建成区绿地覆盖率、自然保护区面积占比等指标。

（三）大数据环境分析法（DEA）

1. 研究方法与模型的建立

DEA方法是美国著名运筹学家Charnes和Cooper等在1978年首先提出的，是评价具有多个输入和多个输出的决策单元相对有效性的方法。DEA模型利用观察到的样本数据，将每个评价单位视为一个决策单元（DMU, Decision Making Unit），对投入产出体系的效率进行评价。DEA的模型有CCR（Charnes, Cooper and Rhodes）和BCC（Banker, Charnes and Cooper）两种，本书采用CCR模型。

2. 指标的选取与数据说明

（1）输入指标包括劳动投入、资本投入、资源投入等。

①劳动投入。指生产过程中实际投入的劳动量,发达国家一般用标准劳动强度的劳动时间来衡量,而我国大多研究都用从业人数来代替。

②资本投入。以新增资本投入反映经济中的资本投入,这里主要考虑增量资本,不考虑存量资本。具体衡量指标有各地区固定资产投资、R&D 投资和污染治理投入等。

③资源投入。指各地区原油、原煤、石油、天然气等的消耗量。一般以能源消费总量作为衡量指标。

(2) 输出指标包括地区生产总值、地区碳排放量。

①地区生产总值。反映地区经济发展变化,以当年生产总值为衡量指标。

②地区碳排放量。反映地区碳排放的情况,一般以地区二氧化碳排放量为指标,由于二氧化碳排放是"坏"的产出指标,在衡量时用其倒数。核算对象包括化石燃烧的排放和水泥生产过程的排放。

第二章 旅游经济解读

第一节 旅游经济的性质

作为一项现代社会的经济活动,旅游已经成为国民经济重要一部分,它是现代科技、社会生产力、商品生产和商品交换深度融合的产物。本章重点介绍旅游经济的性质与特征、地位与作用、旅游经济结构,以及旅游产业结构与区域结构。

一、旅游经济的性质

现代旅游经济以旅游活动为前提,以商品经济为基础,以现代科技为依托,它是旅游活动过程中旅游者与旅游经营者之间为追求各自利益发生的经济往来,从而表现出的各种经济活动与经济关系的总和。作为社会经济重要的一部分,现代旅游经济特征如下。

(一)现代旅游经济是一种商品化旅游活动

在自然经济时期,旅游活动是旅游者依靠自身力量来满足自我需要的活动,此时并没有涉及旅游产品的生产和交换。现代旅游经济则以商品经济为基础,以旅游产品生产与交换为重要特征,这势必会促使经济活动中供需双方和交换对象的产生。事实上,大量的旅游需求以"旅游者—旅游经济活动"的需求主体为前提。旅游者的旅游需求包括规模、数量、消费水平、旅游目的、浏览内容等。这直接影响着旅游经济活动的开展，同时决定了旅游经济发展规模与水平。此外，作为旅游经济活动供给主体——旅游经营者，能够为旅游者提供各种旅游产品，满足他们的个性化、多样化需要。这同样是旅游经济活动存在的基础。综上所述，旅游经营者是旅游产品生产者，也是旅游产品的经营者，有助于确保旅游产品价值的实现，促进旅游经济的兴起和发展。

随着现代商品生产和交换的深入发展，旅游活动呈现商品化特征，相应的媒介和手段应运而生。如此一来，现代旅游活动便建立在以旅游产品为对象，以旅游者和旅游经营者为主体，以货币为交换媒介的基础上，作为一种完全商品化的社会经济活动而存在。

(二) 现代旅游经济是一种综合性服务活动

旅游活动并不以经济活动为目的，但纵观其整个活动过程，经济活动起着基础性作用，尤其在现代旅游活动中，为了满足旅游者各种旅游需求，食、住、行、游、购、娱等综合性服务必不可少。从供给视角看，作为一项以服务为特征，涉及诸多企业和行业的经济活动，旅游经济既以物的形式提供，也能通过劳动自身发挥的作用来实现。

总之，现代旅游经济是一种以旅游服务为主的综合经济性活动，在为旅游者提供诸如食、住、行、游、购、娱等直接性旅游服务的同时，还要为旅游者提供汇兑、通信、医疗保健、商务等辅助性服务。现代旅游经济活动不仅涉及旅行社、旅游饭店、旅游餐馆、旅游交通等企业，也涉及金融、邮电、医院、公安、海关、商检等有关企业或部门。从本质上看，现代旅游经济是以旅游为目的，经济为基础，服务为重要特征的综合性经济活动。

(三) 现代旅游经济是一个相对独立的经济产业

纵观旅游经济发展史，它呈现出明显的相对独立性。20世纪50年代以来，和平与发展成为世界主流趋势，各行各业得到了长足的发展，尤其是旅游经济呈现出发展速度快、综合效益高、产业带动能力强、吸收劳动力就业效应大等趋势，有着良好的发展前景。越来越多的国家和地区，将旅游业作为经济发展的一项重要产业，并推出一系列的政策予以扶持，以此扩大旅游产业规模，完善旅游产业结构体系。

随着旅游产业在全球范围的扩展，它不仅成为现代经济活动中的朝阳产业，而且是第三产业的龙头产业，带动着第三产业及有关物质生产部门的繁荣，推动着国民经济乃至世界经济的发展。

二、旅游经济的发展特征

现代旅游经济萌芽于19世纪中叶，经过百余年的发展，逐渐形成体系，并进入繁荣时期。随着第三次科技革命的推进，通信、交通等工具的改革，加上国际形势相对稳定，世界各国经济得到长足发展，这为全球开展旅游经济活动提供了有利的环境。从发展速度来看，旅游经济增长速度远超世界经济增速，并逐渐超过增长势头最强的工业。纵观现代旅游经济发展历程，其呈现以下特征。

(一) 旅游经济活动的大众性

20世纪中叶以来，旅游经济活动不再是富人独有独享的，而是逐渐发展成面向社会大众的一项广泛性经济活动。随着社会生产力的发展，居民可支配收入增加，工作时长的缩短，越来越多人具备一定旅游消费能力；加上充裕的外出旅游时间条件以及便利的交通条件，旅游活动得到迅速普及。旅游活动的大众化催生了大量旅游需求，促进旅游资源的开发和相关旅游设施的完善，从而为旅游者提供更便利的旅游服务，现代旅游业进入迅速发展时期。

(二) 旅游经济活动的全球性

现代旅游经济活动不再局限于国内或近距离旅游，它突破了地域的界限，成为一种全球性社会经济活动。现代通信技术的成熟和广泛应用，推动着交通运输条件的改善，尤其是飞机、高铁等交通工具的出现，让人们能够在较短的时间以较少成本游历世界各地，从而满足个性化旅游需求。反过来，旅游经济活动全球化密切了世界各国各地区政府、企业与人民之间的互动与交往，从而为旅游活动的国际化创造更好的条件。

(三) 旅游经济活动的规范性

随着现代旅游经济活动深入发展，有组织、有计划的规范性旅游模式应运而生。无论是国际旅游还是国内旅游，一般由旅行社作为主要组织者，对分散的旅游者进行统一组织，依托各类旅游企业和旅游风景区，根据预定的旅游线路活动内容与时间提供综合性旅游服务，以满足旅游者多样化旅游需要。对于旅游者而言，仅需承担一定旅游费用即可享受旅游带来的愉悦感，且不需要为旅游活动中的食、住、行等问题担忧。旅游经济活动的规范发展推动着旅游经济活动大众化与全球化，使之成为一个相对独立的经济产业，逐渐在国民经济中占据重要的地位和作用。

(四) 旅游经济发展的持续性

20世纪中叶以来，世界旅游经济发展呈现空前繁荣特点，保持着较高的增长率，现代旅游经济在国民经济中的地位愈发突出。同时，旅游经济活动的迅速发展，唤醒了人们对生态环境的保护意识，为构建旅游与自然、人类社会的和谐发展，促进社会经济的可持续发展奠定坚实的基础。

第二节　旅游经济的地位与作用

一、在国民经济中的地位与作用

作为一项经济性产业，旅游经济是国民经济的重要组成部分。国民经济作为一个有机整体，要求各部分保持合理的比例关系。不同的经济部门在国民经济中的地位取决于其自身的性质、规模与运行状况，旅游经济也不例外。从性质方面来看，作为一个以提供服务为主的综合性服务行业，旅游产业为人们提供食、住、行、游、购、娱等多样化服务，这为物质资料生产部门的简单再生产和扩大再生产提供实现的渠道，较好地满足了人们对基本物质生活和精神生活的需求，通过社会总产品供给使社会产品在劳动者之间实现合理分配，进而创造新的需求。

从发展规模来看，旅游业随着社会经济的发展，在国民经济中逐渐占据重要地位，扮演重要角色。究其原因，由于生产力的发展，人们可支配收入增加，消费水平提高，在各种需求尤其是精神需求等方面的开支有所增加。这使以满足人们精神享乐需求为特征的旅游产业得到长足发展，规模迅速扩大，并在国民经济中发挥重要作用。

从运行状况来看，旅游业是一种"无烟产业"，这与当今世界可持续发展和绿色发展趋势相符。另外，作为一项朝阳产业，旅游业具有广阔的发展前景。旅游业与生产力发展水平密切相关，一般来说，经济越发达的国家和地区，旅游产业也相对先进，像瑞士、法国、日本等国家的旅游收入在国民经济中占有相当一部分比重。

作为国民经济的重要组成部分，旅游经济在促进国民经济发展、带动有关产业、完善社会经济结构等方面具有突出效果，具体包括平衡外汇收支、加快货币流通、扩大就业机会、带动相关产业以及带动贫困地区脱贫致富几个方面。

（一）平衡外汇收支

扩大外汇收入是顺应全球化趋势，密切对外经济合作的重要手段。一般来说，扩大外汇收入有以下两种途径：一是通过对外贸易获得贸易外汇；二是通过非贸易途径获得非贸易外汇。随着世界贸易竞争日益激烈，加上各国为保护本土企业纷纷设置高额的关税。在这样的背景下，旅游业作为非贸易外汇收入的主要方式有着显著的效果。究其原因，旅游业是一个开放性、国际性产业。大力发展旅游经济，能够吸引大量国际闲置资金，在参与国际市场竞争过程中，改善对外经济关系；同时吸引国际旅游者，平衡外汇收支，稳定汇率。由此可见，旅游业创汇相当于一种"无形出口"收入，加上旅游业创汇能力强、换汇成本低，且不受各国税制限制，如今成为各国创汇的重要手段。

(二) 加快货币流通

大力发展国内旅游业，能有效满足广大旅游者的旅游需求，并促进货币流通，形成稳定的市场，推动社会经济的发展。近年来，随着人民收入增加，用于旅游活动的支出有一定增加。所以，发展旅游经济、推出旅游周边产品，有助于刺激人们对旅游产品的购买欲望。在扩大旅游消费的同时，加快货币回笼，减少人们持币待购造成的市场压力和风险，促进市场的稳定和繁荣。

(三) 扩大就业机会

作为一项综合性服务行业，旅游业能够提供大量就业岗位，产生明显的就业效应。究其原因，从旅游业本身来看，它包含诸多服务内容，由于这些服务项目不可能完全被现代科技所取代，这促使旅游业需要的人力资源要远多于其他产业。另外，旅游业有着较强的带动能力，不仅能带动自身的发展，而且能带动有关产业的发展，进一步创造就业机会。

(四) 带动相关产业

旅游业尽管是一个非物质生产部门，但它有着强大的关联带动能力，在带动物质生产部门发展同时，还能带动第三产业的发展。一方面，旅游业的发展建立在物质资料生产部门基础之上，以物质资料生产部门为前提，这是其发展的物质保障。从这一点来看，发展旅游业的前提在于大力发展各物质生产部门。另一方面，作为国民经济中一个独立的综合性行业，旅游业生产发展与其他行业有着密切联系，能够直接或间接带动交通运输、建筑、房地产、金融、邮电、外贸等有关产业的发展，进而促进国民经济整体发展。总之，发展旅游业有助于增加国内生产总值，并扩大利用外资金额。

(五) 带动贫困地区脱贫致富

贫困依然是全人类面临的世界性难题，世界各国各地区高度重视贫困问题并制定了一系列的举措。从社会现状来看，很多经济欠发达地区有着较丰富的旅游资源。鉴于此，合理开发和利用贫困地区旅游资源，发展旅游经济，利用贫困地区旅游资源丰富等特点，研发特色鲜明、品质优良的旅游产品，从而带动当地及周边地区经济发展，增加当地人民群众收入，缩小贫富差距。这对促进社会公平正义，打造和谐社会有着重要意义。

综上所述，旅游业在国民和社会经济发展中的作用突出。发展旅游经济有助于带动地域经济发展，从而带动整个社会的发展。现如今，不少国家将旅游经济纳入国家经济发展计划，通过增加旅游投资、完善相应设施、加大旅游宣传、大力培养旅游人才、出台相关旅游法规、简化出入境等一系列措施，来推动旅游经济的发展。

二、对社会的影响和作用

(一) 国际社会影响

从旅游经济对国际社会的影响来看，随着国际旅游经济活动的开展，旅游者与旅游接待国本土民众之间发生接触，形成一种特殊社会关系。换言之，作为旅游者，在一个非日常生活的地方，若精神放松、情绪良好，消费意愿自然就高。此外，旅游接待服务人员一般是固定的，大部分时间旨在根据旅游者需要来提供各种服务，都是日复一日重复相同的工作。在这种特殊的社会关系下，旅游经济对旅游接待国有着不同的影响和作用。

旅游经济对国际社会影响表现在：通过开展大规模旅游经济活动，社会信息得到充分交流，现代文明得以传播，各种社会关系得到有效的协调，人类文明得以进步。即便是那些相对落后的国家和地区，也在旅游经济发展的影响下，破除陈旧观念，采取对外开放的政策，接受现代文明的洗礼。这样一来，整个人类社会得以进步，人类文明得到延续和发展。

(二) 国内影响

当国际旅游者进入旅游接待国后，会对当地产生诸多影响，具体表现如下。第一，旅游者的示范效应。引发旅游接待国价值观念和道德准则的变化，例如对生活方式的看法，对人生价值标准等方面的转变。第二，引起旅游接待国社会结构的变化。旅游业具有收入较高，女性就业率高等特征，促使旅游接待国就业结构发生一定变化。第三，引起旅游接待国生活方式变化。旅游接待国的青年人很容易受到国际旅游者的示范影响。例如，由于国际旅游者与旅游接待国本土民众在衣着、日用品等方面的差异，可能引起旅游接待国国民生活和消费方式的变动。第四，改善社会环境。为了发展旅游经济，旅游接待国必须在交通条件、住宿设施、餐饮特色以及旅游者安全等方面予以重视，为国际旅游者带来更好的服务和体验，这样才能吸引更多的旅游者，从而实现社会经济的发展。

然而，事物都是有两方面的。旅游经济的发展同样会给旅游接待国带来一些负面影响。例如接待国将过多基础设施和优良旅游条件提供给国际旅游者，促使本土民众产生不公平的社会心理。另外，国际旅游者较高的消费能力，会对当地收入较低的民众的价值准则、心理带来影响。发展国际旅游，可能会给外来一些不健康的思想行为带来可乘之机，造成不良影响。

三、对文化的影响和作用

文化，指人类在社会实践中创造的物质财富和精神财富的总和，它是一种社会现象，以一定物质基础为前提，其内容和形式随着社会生产力发展而发展，具有明显的内涵性。因此，从本质上看，人类社会的发展其实就是文化的变迁过程。由此可见，旅游经济发展与文化的产生有着密切联系。一方面，旅游经济活动的发展过程离不开与文化的接触。有旅游必然有文化，文化是旅游业发展的前提。另一方面，作为一种流动性活动，旅游活动是一种文化与另一种文化的互动过程。旅游者的流动，使得不同社会群体及民族文化有了更多的接触和交流。因此，旅游经济发展过程同样是世界各民族文化互动交流的过程。旅游对文化的影响和作用具体表现如下。

(一) 有助于发扬各民族优秀传统文化

事实上，在旅游活动中真正吸引旅游者的是接待国本土各民族独有的传统文化。因此，国家在发展旅游产业的过程中，必须充分重视和利用这种珍贵的旅游资源。另外，那些濒临消失的优秀传统文化，可以借助旅游经济这一载体，焕发新的生机，谋求新的出路。

(二) 有助于突出民族文化个性

随着现代社会的发展，世界各民族间文化互动、交流进一步加强。在互动的过程中势必存在选择与淘汰。在世界各民族文化深入交流过程中，一个更深刻、广泛的手段就是开展旅游经济活动。这是因为旅游活动能够让各民族物质文化、非物质文化及语言进行充分交流、传播，从而促使优秀民族文化发扬光大，做到取其精华，去其糟粕，民族文化个性进一步突出。具有个性化的民族旅游资源对旅游者的吸引力毫无疑问是巨大的。

(三) 有助于人类精神文明的进步

在旅游经济活动中，各国人民相互交往，有了更深刻的认识和理解，做到彼此互相尊重，这有利于世界文化的繁荣发展，从而推动人类社会的进步。旅游经济活动的参与者具备国际观念和开放意识，让人们认识到经济改革与发展的迫切性。这样一来，各国之间势必会加强科技、文化、经济等方面的交流，从多维度来推动世界文明的发展。

然而，旅游经济发展对文化同样存在负面影响。一方面，在国际旅游者携带的外来文化冲击下，民族文化健康持续发展受到影响；另一方面，为满足旅游经济发展需要，不少优秀传统文化会衍生出商业娱乐文化，其原本的特色及内容逐渐丧失，甚至其优秀传统文化实质会发生根本性的改变。

综上所述，旅游经济与文化相互促进，相辅相成。从某个方面而言，旅游经济也是一种文化现象。因此，在发展旅游经济过程中，需要充分了解和剖析民族文化，实现二者的协调发展。

四、对环境的作用和影响

旅游经济是国民经济的重要组成部分。越来越多的国家和地区将旅游产业作为一项重要战略，强调旅游资源的开发与生态环境的保护，以追求可持续发展。目前世界范围内正进行的各种世界遗产保护、设立的自然保护区、风景名胜区以及开展的历史文物评级和保护活动等，不仅保护了人类生存环境和珍贵的文化遗产，同时为旅游经济发展提供丰富物质资源。如果缺乏相应的规范，旅游业不加节制的发展，会造成生态的破坏和环境的恶化。例如，泰国的著名旅游风景区芭堤雅海滩，曾经如诗一般秀丽，如今，放眼望去，到处是旅游者丢下的垃圾；古埃及金字塔因旅游者不文明行为正遭受侵蚀性破坏。此外，不少原始森林因旅游开发而被砍伐，"地球之肺"的功能不断被削弱。

总而言之，旅游业的不规范给生态环境带来了一系列的问题，具体表现如下：其一，旅游产品生产过程中造成的自然景观的破坏，原始森林的砍伐，各种污染物废弃物的排放。其二，旅游活动过程中旅游者丢弃的各种垃圾，车辆交通运输工具排放的废气、尾气、噪声等，旅游者过载造成的人为破坏、交通堵塞等现象层出不穷。基于此，发展旅游经济的同时必须强调环境保护，二者是相辅相成的关系。在发展旅游经济的过程中，要注重环境的改善，将开发旅游资源与生态保护结合起来，这才符合可持续发展生态要求。

第三节　旅游经济结构的主要内容

一、旅游经济结构的定义及特征

(一) 旅游经济结构的定义

所谓旅游经济结构，指旅游业内部各组成部分的比例关系及相互联系，相互作用的形式。一个社会的经济是一个大系统，而经济结构则是国民经济系统各组成部分的比例构成及其相互联系、相互作用的内在形式与状况。

经济结构有狭义与广义之分，从狭义的角度看，经济结构指生产关系，即人们在生产过程中发生的不以人的意志为转移的经济关系，生产关系的总和构成社会经济结构。从广义的角度看，经济结构是将生产力与生产关系统一起来的社会经济结构，反映了国民经济系统各部门构成以及层次要素和特征，说明各部门、各层次、各要素之间在怎样的作用下形成一个有机整体。同时，揭示国民经济系统内部及整体运动变化的形式、规律及内在动力。为更好地把握社会经济运行规律和趋势，需要深入研究经济结构，从经济系统内在特征考察社会经济运行过程与状态。

(二) 旅游经济结构的特征

作为国民经济大系统的一个子系统，旅游业具有自身独特结构。相比于国民经济大系统以及其他子系统，旅游经济结构不仅有一般经济结构具备的特共性，还有自身的个性。

1. 整体性特征

旅游业是一个综合性经济产业,由食、住、行、游、购、娱等要素构成。每一个要素反映了旅游业一部分,且都从属于旅游业这一整体。各要素的性质和特征决定了它们具有不可替代性。由此可见,旅游经济结构并非各组成要素的简单相加,而是结合旅游业整体发展需要,在各要素之间相互联系、相互作用的特点和规律下形成的合理比例及构成,以便发挥旅游经济综合性、整体性功能。

2. 功能性特征

不同经济结构有不同的功能、不同属性以及效益。传统旅游经济结构以观光型旅游为主,使其属性、功能及效益同样与观光型旅游挂钩。随着社会经济的发展,人们的旅游需求呈现多元化、个性化特征,观光型旅游逐渐向度假娱乐型旅游转变。判断某一旅游经济结构功能优劣的标准,在于分析其能否形成一种具备自我协调和充分活力的经济系统,能否有效满足人们不断变化着的旅游需要,能否推动社会生产力的发展。

3. 动态性特征

由于旅游经济系统各要素、各部门及之间的相互联系处于不断变化当中,使其自身也在不断地变动。这种变动不仅有量的变动,还有质的变化。量的变化方面包括了旅游业规模的增长以及各种比例关系的变化。分析旅游经济结构量的变动有助于把握旅游经济结构在旅游经济发展规模与速度方面的适应性。旅游经济结构质的变化表现为旅游经济的效益和水平,通过各种量的指标反映出来。总体上表现为旅游业综合水平的提升以及经济效益的提高。要注意的是,旅游经济结构变动极为复杂,这就要求综合分析影响旅游经济结构变动的各种要素。并进行适时调整,以提高旅游经济的动态适应性。

4. 关联性特征

与国民经济结构以及其他子系统结构相比,旅游经济结构一个显著特征在于关联性强。正所谓牵一发而动全身，旅游业食、住、行、游、购、娱六大要素之间是彼此配合、不可分割的关系。从旅游产业中的旅行社、旅游饭店、旅游交通来看，任一行业发展必须有其他行业的配合。综上所述，旅游经济结构组成成分之间呈现较强的关联性特征。组成旅游经济结构各部门、各要素协调发展是旅游经济结构调整的重要内容，这对旅游经济整体发展的规模、效益和水平有着重要的影响。

二、旅游经济结构一般内容

旅游经济活动涉及诸多要素，各要素之间以及要素内部有着相应的结构。从旅游经济活动要素分析来看，旅游经济结构包括旅游市场结构、旅游消费结构、旅游产品结构、旅游产业结构、旅游区域结构、旅游投资结构和旅游经济管理结构。

(一) 旅游市场结构

旅游市场结构反映旅游产品在需求和供给之间的规模、比例及相互协调性，以及各旅游客源市场之间形成的比例关系。旅游需求指旅游者对旅游产品购买欲望及支付能力的需求总和。由于旅游者在收入、爱好、职业、年龄、素养等方面存在个体差异性，其旅游需求千差万别。这就要求旅游供给者提供丰富多样的旅游产品，以便满足旅游者多样化、个性化需要。旅游供给指旅游经营者在一定时期向旅游者提供的各旅游产品总和，例如各种旅游景观，旅游设施，旅游服务等。旅游需求与供给存在一定时空变化。旅游市场结构的协调要求旅游供给与需求在数量、规模、比例上相适应。唯有如此，旅游经济才能得以健康持续发展。然而，旅游需求变动较大，旅游资源分布的不均衡性，加上旅游活动季节性等现实状况，导致旅游需求与供给在数量、规模、层次及比例上的协调难度较大。基于此，必须结合现实情况，适当调整旅游市场结构中不协调现象，从而提高旅游经济效益，减少旅游资源浪费，实现旅游资源供求平衡，促进旅游经济的健康发展。

旅游市场结构的调整，一般从旅游需求结构、旅游供给结构以及旅游供求相适应结构状态入手。在旅游需求结构方面，注重研究国际旅游市场与国内旅游市场构成及分布；不同性别、年龄、职业阶层的旅游者构成及需求状况；不同季节、不同旅游方式的需求结构状况。

在旅游供给结构方面，重点研究旅游资源的类别与性质，开发具备独有特色的旅游景观；研究各旅游设施规模水平和比例，不断提高综合接待能力；研究各旅游服务质量及内容，进一步提升服务水平，给旅游者带来更好的旅游体验。在旅游供求相适应方面，研究在完全竞争，完全垄断及垄断竞争等不同市场结构下，市场供求变化及竞争特点。

掌握前述研究，方能更好地应对旅游市场供求变化，形成供求相适应的市场结构，为制定宏观管理政策与微观经营策略奠定基础。

(二) 旅游消费结构

旅游消费结构指旅游市场结构中旅游需求具有一定的内在结构，是旅游者在旅游过程中所消费的各种类型旅游产品，与相关消费资料的比例关系以及旅游者不同消费层次与水平的比例关系。

旅游产品及要素消费类型，体现在食、住、行、游、购、娱等方面。消费层次及水平消费类型体现在高档消费、中档消费、低档消费或舒适型消费、经济型消费等方面。研究消费结构，在合理调整旅游产品结构、研发适销对路的旅游产品方面有着重要的作用。在分析旅游消费结构过程中，要做到以下几点：对旅游消费构成进行分类掌握，各消费资料构成状况及消费水平；研究影响旅游消费结构各因素及影响程度；在前述研究基础上，制定能促进旅游消费合理化的政策。

(三) 旅游产品结构

旅游产品指为旅游者开展旅游活动提供的各种产品和旅游服务总和，是各要素组成的综合性产品，包括旅游景观、旅游交通、娱乐、餐饮、住宿及旅游购物等。由于综合性旅游线路产品在规模、日程等方面存在差别，这些旅游产品与要素之间的组合关系，便形成了旅游产品结构。与一般商品相比，旅游产品具有独特性，分析其结构应当从多个维度出发。

第一，从要素结构出发。分析旅游景观、旅游设施、旅游服务及旅游购物的规模、数量水平与结构状况，把握各要素特点及供给能力，为开发适销对路的旅游产品提供依据。

第二，从旅游产品结构路出发。研究各旅游要素组合状况，以旅游景观为基础，分析各自然风景与人文风景资源的组合、旅游设施与旅游服务配备比例。组成综合性旅游产品，形成一定区域内旅游活动行为层次结构。

第三，从旅游产品组合结构出发。分析各旅游线路设计与旅游产品的有机结合，通过旅游线路将各区域旅游产品及部分专项旅游产品（诸如会议旅游、探险考察等）结合起来，以吸引旅游者的注意力，为他们提供丰富的综合性优质旅游产品。

(四) 旅游产业结构

旅游产业结构指以食、住、行、游、购、娱为核心的旅游业内部各行业间的经济技术联系与比例关系，即旅游业的部门结构。旅游经济综合性特征决定了旅游产业结构多元化性质。通常而言，旅游业包括旅游交通、旅游饭店和旅行社，这是旅游业三大支柱。从吃、住、行、游、购、娱的旅游业六要素看，旅游产业同样包括旅游娱乐业，旅游购物品的生产与经营部门，旅游资源开发与经营管理部门等。从更宽泛的角度看，旅游产业还包括旅游教育培训部门，旅游研究和设计规划部门。要全面了解旅游经济的重要性，明确其在国民经济中的地位和作用，必须从大旅游观角度来分析和理解旅游产业结构。研究旅游产业结构应当从旅游经济综合性角度出发，具体包括以下方面。

第一，分析旅游业内部各部门结构，发展规模水平及相互之间联系和比例关系，判断旅游产业结构综合能力与协调性。

第二，从市场结构入手，分析旅游产业结构合理性，以及影响旅游产业结构合理性的各要素，采取相应的对策。

第三，从旅游经济发展视角看，探析旅游产业结构高度化的趋势与可能性，研讨旅游产业结构高度化途径、对策和手段。

(五) 旅游区域结构

旅游业的发展总是在一定地域中实现的。因此，为了进一步分析和认识旅游经济的重要性，需要了解旅游区域结构状况及变化。旅游区域结构指从地域角度反映的旅游客源市场与旅游区的行程、数量、规模以及相互联系和比例关系。研究旅游区域结构，有助于了解不同区域客源市场需求状况，各旅游区域的特征与构成，方便从宏观和微观角度布局旅游产业，从而提高旅游经济整体效益。从旅游经济角度出发，旅游经济区域结构研究内容如下。

第一，研究旅游区域市场结构。包括国际和国内不同区域旅游市场需求与供给。分析各区域旅游市场需求特征、需求规模与水平，并有针对性地提供相应适销对路的旅游产品。

第二，研究旅游区特点与构成。根据区划理论把握各旅游区特色与发展方向，明确开发重点，塑造良好的旅游形象。分析旅游区总体构成与相互间的联系与互补关系，塑造既有层次又浑然一体的旅游总体形象。

第三，研究旅游产业布局。在遵循科学合理布局原则基础上，分析旅游区域布局影响因素，制定相应的布局内容和方法，优化旅游产业布局，促进旅游业的可持续发展。

(六) 旅游投资结构

旅游投资结构指投资额在不同旅游建设项目之间的比例关系，它对旅游市场结构、旅游产品结构、旅游产业结构、旅游区域结构等有着不同程度的影响。从不同维度来看，旅游建设项目有不同的类型，根据建设内容可分为基础设施项目、景区项目、旅游饭店项目、旅游教育项目、旅游交通项目、旅游购物开发项目、旅游环境保护项目；根据项目规模分为大型、中型、小型项目；根据建设项目性质分为新建项目、改建项目、续建项目、扩建项目；根据地域分布来看分为旅游业发达地区、项目欠发达地区、项目不发达地区项目；根据旅游投资来源分为国家投资项目、地方政府投资项目和旅游企业投资项目。考虑投资目的方式、途径各不相同，不同投资来源地旅游投资结构存在差别。因此，在安排旅游投资结构过程中必须结合当地旅游市场因素，从旅游业发展角度进行综合分析，确保结构调整的合理性。

(七) 旅游经济管理结构

旅游经济管理结构，指从生产关系角度分析旅游经济的所有制结构、企业规模结构和相应体制结构等。其中，旅游经济所有制结构反映旅游业所有制关系的构成及比例，分析其特征、运行状况以及发展趋势，是坚持社会主义方向的集中表现，有助于改革的深化，为推动旅游经济的深入发展奠定基础。旅游企业规模结构反映旅游企业大、中、小结构比例和旅游企业集团化发展状况。从国际旅游业发展现状来看，一方面，旅游企业规模结构取决于客观条件，主要通过市场竞争淘汰以及新建等机制来形成，具有一定相对的稳定性；另一方面，旅游企业须遵循集约化的市场竞争要求，组建成密切联系的企业集团，如饭店管理公司，旅游集团公司等，以提升旅游企业综合竞争力，创造更高的经济效益。

综前所述，旅游经济体制结构是从宏观角度反映旅游业政策保障体系，行业管理体制及实施手段体系状况。随着经济体制改革以及我国旅游经济深入发展，我国旅游经济体制逐渐形成以行业管理为主，集旅游政策保障体系，旅游法律法规体系和旅游宏观调控体系为一体的旅游经济管理体制。

第四节　旅游产业结构与区域结构

一、旅游产业结构分析

(一) 产业结构的分类方法

产业结构指根据产业各部门分类形成的社会生产结构。从国民经济系统看，国民经济体系可以根据不同的方法划分为不同的产业结构，学界主要分类方法有以下几种。

1. 根据再生产理论分类

根据再生产理论，社会生产可分为生产资料生产和消费资料生产。每一部类产品的价值包括不变资本、可变资本和剩余价值三部分。分析生产和生活两大部类的关联性，把握实现简单再生产和扩大再生产的条件，对科学划分产业部门和构建高效产业结构奠定理论依据和切实可行的操作方法。

2. 根据社会分工分类

根据社会分工，社会生产可分为第一产业、第二产业和第三产业。其中，第一产业是农业；第二产业是工业和建筑业；第三产业则是第一、第二产业之外的以服务业为特征的其他产业。这种分类方法反映出以服务业为主的第三产业在国民经济中的重要作用和地位，揭示产业结构演化的规律性以及经济发展内在联系，为产业结构合理化布局提供科学理论。

产业分类按照产业发展顺序、生产要素、产业发展阶段又划分为以下类型。

按照产业发展顺序分类，社会生产分为基础产业、先导产业和支柱产业。基础产业指为社会生产提供必需条件的基础设施和生产部门。如交通、能源、邮电、通信、教育部门等。先导产业，指能够带动和引导整个国民经济发展的关键部门。支柱产业，是对经济发展产生巨大推动和支撑作用的部门。其结构演进遵循动态比较利益原则和收入弹性基准生产率上升基准等要求。一般来说，这三类产业发展顺序一般是基础产业超前发展，先导产业重点发展，支柱产业稳定发展。

根据生产要素投入分类，社会生产分为劳动密集型产业、资本密集型产业和技术密集型产业。在不同时期，产业结构可根据实际经济发展水平、条件和目标有所侧重。通常的规律是，劳动密集型产业逐渐向资本密集型产业和技术密集型产业转变。

根据产业发展阶段分类，社会生产分为传统产业和新兴产业。新兴产业适应新经济发展要求，代表产业发展方向，要大力倡导。而传统产业逐渐难以适应新经济发展要求，需要进行必要的改造或淘汰。

(二) 旅游产业结构类型

从国民经济这个大系统来看，旅游业属于第三产业中的综合性产业。改革开放以来，我国旅游业得到长足发展。随着社会主义市场经济体制建立，资源动员能力以及社会组织化水平的不断提升，促使旅游产业逐渐顺应国际和国内两大市场需要，并形成现代旅游业体系。现阶段，我国旅游产业结构已经初步形成一个新兴产业雏形，但由于正处于新旧体系转变的关键时期，亟须进一步调整和完善。

1. 旅行社

旅行社指依法设立专门从事招徕接待国内外旅游者，组织旅游活动，并收取一定费用，进行自主经营、自负盈亏，独立核算的旅游企业，在旅游业中扮演龙头角色，是旅游产品设计者，组合者，更是旅游产品的营销者、在旅游经济活动中发挥不可替代的作用。一般来说，旅行社发展规模，经营水平及其在旅游产业结构中的比重，对旅游经济有着直接而深远的影响。

2. 旅游饭店

作为一个为旅游者提供食宿的场所，旅游饭店是发展旅游业的必要设施，其数量、床位数代表其综合旅游接待的能力。其中，旅游饭店管理水平、服务质量、卫生状况以及内外部环境体现旅游业综合服务品质。由此可见，在旅游产业结构中，旅游饭店业扮演重要角色，发达的旅游业往往以高水平的旅游饭店业为前提。

3. 旅游交通

发达的交通运输业是旅游业的重要保障。旅游交通是社会客运体系重要组成部分，在促进旅游业发展的同时，推动社会交通运输的改善。在旅游交通运输中，要求满足旅游者安全方便、便捷舒适等多种需求。因此，旅游交通运输工具除了有一般交通运输功能之外，还应当具有相应的旅游服务功能，在交通工具、运输方式、服务特点等维度体现旅游业的行业特色。

4. 旅游资源开发

旅游资源开发，指对各种自然旅游资源、人文旅游资源和文化娱乐资源进行开发利用，并形成一定旅游景观、旅游景区与各旅游产品相与组合。现如今，尽管我国大部分地区致力于旅游资源的开发，在长期发展中打造了一批在国际上享有一定美誉度的旅游景点、景区，包括风景名胜区、度假区以及旅游线路。但从整体发展状况来看，旅游资源开发尚未被作为旅游产业结构重要组成部分，具体表现如下。

旅游资源开发建设方面缺乏统一规范和专业的规划建设，行业管理方面缺少整体的宏观调控，致使旅游景区，景点建设存在滞后性。因此，将旅游资源开发纳入旅游产业结构中是有必要的，必须加快旅游业开发与建设。

5. 旅游娱乐

旅游是一种以休闲为主的观光度假和娱乐活动，丰富的旅游娱乐项目是旅游活动的主体部分。旅游娱乐业以现代科技为依托，在旅游产业结构中地位不断上升，有利于进一步增强旅游产品吸引力，推动旅游经济的持续健康发展。

6. 旅游购物

旅游购物同样是旅游活动中的重要内容。在现代旅游经济中，各种旅游工艺品、纪念品、日用消费品生产与销售迅速发展，逐渐形成集商业、轻工业、旅游业于一体的产销体系和大量网点，直接推动了旅游产业的发展，同时带动民族手工业、地方土特产品等轻工业、手工业的进步，为地方经济发展注入活力。

综前所述，旅游产业结构包括旅行社、旅游饭店、旅游交通、旅游资源开发、旅游娱乐和旅游购物。从大旅游视角来看，旅游产业结构还包括旅游教育和培训，旅游规划与设计，旅游研究与咨询，旅游行政管理等部门。唯有如此，才能综合全面反映整体旅游经济发展状况和趋势。

(三) 旅游产业结构影响因素

在旅游产业结构调整过程中，为确保体系的科学合理，需要分析旅游产业结构及其变化影响因素。一般可以从需求、资源、科技政策和体制这几个维度进行综合考虑。

1. 需求

需求决定着旅游产业结构，影响其发展变化。社会生产的良性循环，满足需求的生产和适应消费的产业结构缺一不可。而旅游业旨在满足人们旅游需求。由此可见，国内外旅游需求变化、旅游需求发展方向与水平决定着旅游经济发展方向与水平，影响旅游产业结构变化与发展。

需求对旅游产业结构的影响体现在消费需求和投资需求两方面。在消费需求方面，旅游者消费需求直接影响旅游产业结构变化，原因在于，旅游者对某种旅游产品需求的增加会引起该产品供给增加，进而影响旅游产业部门内部结构变化，促使旅游生产经营者调整产业结构，以便更好地满足旅游者消费需求；在投资需求方面，投资结构变化同样对旅游产业结构有直接影响。投资结构是一种流量结构，在旅游消费需求拉动下，对旅游产业的资本存量结构产生作用，进而影响旅游产业结构变化与发展。

2. 资源

在旅游产业结构中，旅游资源是一个关键因素。传统观点下的旅游资源，主要包括自然旅游资源和人文旅游资源，现代观点下的旅游资源还包括人才、信息、智力、资金等资源。一般来说。当一个国家或地区生产力水平不高时，本国的自然资源对产业结构起着决定性影响。因此，大部分发展中国家旅游产业结构往往取决于本国旅游资源状况，尤其是自然旅游资源和人文旅游资源、结构和状况。而对于那些发达国家而言，不仅能够高效利用本国旅游资源，同时还采用各种方法去开发和利用其他国家和地区的旅游资源，从而提高本国旅游产品吸引力，促进本国的经济发展。

在分析资源因素对旅游产业结构作用和影响过程中，首先，要分析该国拥有的自然旅游资源和人文旅游资源状况，包括旅游资源规模、品位及特征，从而开发出具有针对性的特色旅游产品，更好地满足旅游者的多元化需求。其次，分析资金和劳动力状况，包括资金和劳动力处理对流程结构的影响、对旅游产业结构的影响以及劳动力质量，同时还要考虑劳动力质量因素，确保对资金、劳动力资源要素地投入。最后，还要分析智力和信息资源状况。旅游作为一种旨在满足人们身心需求的高层次活动，开发智力资源能够广泛利用自然与人文旅游资源，还能创造新的资源，组合成具有相当吸引力的旅游产品。一般来说，智力资源开发越好，旅游产品形象越好，吸引力越强。想要有效开发智力资源，需要依托充分的信息资源。在复杂多变的国际旅游市场下，必须及时准确掌握市场相关信息，为构建合理产业结构提供信息依据，进而促进旅游经济的良性循环。

3. 科技

在旅游产业结构演进中，科技是重要驱动力，具体表现如下。

第一，企业科技进步直接决定和影响旅游产业结构变动与发展，如相关技术进步能够改善旅游资源开发和利用方式，提高开发效果；交通工具和通信手段现代化为旅游活动高效开展提供有力支持；相关旅游设施的建设和完善，旅游服务质量的提高，使旅游活动内容大大丰富，旅游产出经济效益大大提高，进而对旅游产业结构产生直接而深远的作用。

第二，技术进步刺激消费需求结构变化，进而对旅游消费需求和投资需求结构发生作用，增强对旅游产业结构拉动力，推动旅游经济在科技进步的帮助下实现质的飞跃。同时，科学科技的进步反映在旅游业经营管理组织等软技术层面。随着我国社会主义市场经济体制的完善，各种旅游硬件技术相对健全，经营管理、组织等软技术将在旅游产业结构合理化中扮演重要角色。

4. 政策和体制

政策和体制影响着旅游产业结构变化，为旅游产业结构合理化创造有利条件。在政策方面，国家对旅游产业的重视和颁布有关的政策法规，对旅游经济发展具有重要作用，同时对旅游产业结构的变动起到调控性作用。现如今，国家根据经济发展与产业结构演进规律制定的加快发展第三产业改革与大力发展旅游政策，一定程度上推动旅游产业结构合理化。在体制方面，我国旅游经济体制适应社会主义市场经济要求，同时与国际旅游市场接轨。不少经营方式与管理模式借鉴了国际惯例，推动着旅游经济国际化。不可忽略的是，传统经济体制弊端同样对旅游经济发展和旅游产业结构变化产生一定的负面作用。为此，必须加快旅游经济体制改革，构建合理的旅游产业结构体系，促进旅游经济持续健康发展。

二、旅游区域结构分析

(一) 旅游区域结构解读

一个国家经济发展与产业布局、地域空间密切相关，唯有对各产业和企业在地域空间上进行合理布局和配置，方能对生产力进行有效组织，从而实现经济效率目标与空间平等目标的协调统一。所谓旅游区域结构，指在一定范围内旅游业各要素的空间组合关系，即旅游业生产力布局。作为一个多层次，综合性结构体系，它反映了旅游要素空间分布、布局功能分区，以及要素与地区间空间联系状态及关系。

一般来说，旅游区域结构包括各旅游要素区域结构和综合旅游经济区域结构。其中，旅游要素区域结构包括旅行社区域结构、旅游饭店区域结构、旅游交通区域结构、旅游商品区域结构、旅游资源区域结构、旅游市场区域结构、旅游流区域结构、旅游投资区域结构。

旅行社区域结构指旅行社在不同地区的配置情况，包括不同数量、规模、性质的旅行社在不同地区布局特点以及区域内各旅行社协作发展关系。

旅游饭店区域结构指根据旅游资源分布与旅游市场需求特点形成的地区分布格局，其结构的规模大小取决于旅游资源聚集地分布。究其原因，大多数旅游者更倾向于距离旅游景区景观较近的旅游饭店。旅游交通地区差异受旅游资源与旅游客源分布影响。一般来说，旅游景观附近的旅游饭店分布密度较大，这也决定了旅游交通的运力、规模及水平，旅游商品地区分布与旅游资源分布。同时旅游饭店与各地区其他产品生产，尤其是名特土产品相联系，进而形成不同地区旅游商品分布特色。

旅游市场与旅游流的区域结构，体现旅游者分布及变化特征，对各旅游供给因素，尤其是旅行社、旅游饭店、旅游交通布局具有重要导向作用。

旅游投资区域结构指资金在各旅游区域流动与分布关系，这取决于不同地区经济发展速度、资源特征、经济政策等。旅游投资往往要求以相对有限资金来获取较高的综合经济效益，因此需要采取各种手段提高资金利用效率，以优化旅游投资区结构。

旅游资源区域结构，指以旅游资源的自然属性为主的旅游资源空间分布状况及特色，取决于自然资源的性质特点、数量、质量等方面，是综合旅游经济区域结构基础所在。

将前述各个区域结构结合起来，便形成综合旅游经济区结构，这也是整个旅游经济空间分布格局。根据各地区旅游经济综合特征的相似性与差异性，将整个地区划分为若干经济区，每个经济区下又可划分若干旅游经济区。

(二) 合理布局旅游生产力的意义和表现

分析旅游区域结构，合理布局旅游生产力，有助于充分发挥各地旅游资源优势，促进旅游经济协调发展，为制定合理区域旅游经济发展战略以及旅游产业地区政策提供重要指导。

1. 提高旅游资源利用率

合理布局旅游生产力，能够将全国各地旅游资源、经济资源和劳动力资源利用起来，发挥我国地域辽阔、资源丰富的优势，调动各地区、各企业生产积极性，为旅游业持续运转注入活力。

2. 促进区域经济平衡发展

合理布局旅游生产力，能够以有限资金投入实现旅游经济最佳地域组合，推动旅游区域联合与协作，为旅游经济带来更高的经济效益；另外，带动少数民族地区和经济欠发达地区的社会经济与文化发展，促进地域经济发展的均衡化、平等化。

3. 有利于旅游经济持续发展

合理布局旅游生产力，在发展旅游经济同时，做到了保护环境和促进生态平衡，提高居民生活环境质量，保障旅游业赖以生存发展的基础，实现旅游经济环境保护相统一，构建起以旅游开发促进环境旅游经济发展与环境保护的良性循环机制，从而推动旅游经济可持续发展。

4. 加强宏观调控

随着社会主义市场经济体制不断深化，合理布局旅游生产力有利于充分发挥政府宏观调控作用。通过制定旅游区域经济政策，为不同地区、不同发展阶段旅游提供政策依据与战略指导，让不同区域做到从实际出发，以旅游市场为导向，结合自身资源优势科学制定旅游发展规划，增加旅游业发展驱动力。

(三) 旅游区域布局合理化影响因素

旅游区域布局是从总体上对旅游生产力体系的地域空间进行配置。为推动旅游区域布局合理化，需要充分考虑影响旅游区域布局的重要因素，例如资源因素、区位因素、市场因素、社会经济因素与政策法规因素。

1. 资源

任何产业部门区域布局都应该以可靠资源为保障，这是减少产业发展盲目性的前提。旅游业赖以生存发展的物质基础是旅游资源，旅游资源数量和质量决定旅游经济发展规模与水平，这深刻影响着旅游产业的科学布局。

一般来说，具有垄断性旅游资源往往有着较高开发价值，这是旅游业发展的增长点。对此必须准确认识不同地区旅游资源品位特征、分类与规模，构建合理旅游产业布局，确定旅游投资规模及旅游资源开发实训，从而提高旅游区域布局效率。

2. 区位

在旅游经济产业合理布局中，区位因素同样是重中之重。一般来说，优越的区位因素为旅游经济活动提供通达、便捷的有利条件，并对旅游产品形成与旅游产业布局带来重要影响。例如，我国东部沿海地区尽管旅游资源条件并不丰富，但凭借良好区位条件，加上经济相对发达，从而拥有大量客源市场，带动沿海地区旅游经济发展；而我国中西部以及部分经济欠发达内陆地区，尽管有着大量较高品位和质量的旅游资源，但由于区位因素的限制，旅游经济发展相对缓慢。

随着社会生产力发展和现代科技的进步，我国中西部地区交通运输、通讯等条件有了较大改善，一定程度上削弱了区位条件影响因素，但区位因素依然是旅游区布局中不容忽视的一个要素。

3. 市场

市场经济是社会经济运行方式和社会资源配置机制。一切经济活动都应当以市场为轴心，在遵循市场经济规律下进行相应的调节和控制。旅游经济作为一种以市场为导向的经济，其整个经济运行过程必须贯彻市场因素。从需求视角出发，一个地区旅游业发展的规模与水平，往往反映在其拥有旅游客源市场程度方面，客源地数量、客源地社会经济发展水平以及旅游者出游人数等，决定了该地旅游经济发展速度与规模。从供给视角出发，一个地区旅游市场大小取决于其旅游产品供给与旅游服务水平，这决定着该地区旅游市场接待规模、旅游市场发展以及旅游经济效益的提升。

综前所述，在旅游区布局过程中，要考虑不同地区、不同发展阶段旅游客源、市场对象范围及变化趋势，以便把握旅游市场容量。同时，还要围绕实际旅游需求合理部署旅游资源开发与旅游产品供给，形成科学旅游区市场定位，促进旅游区布局的合理化。

4. 社会经济

一个地区社会经济发展水平与当地旅游业发展是相辅相成、相互影响的关系。当地生产力发展水平会直接影响其旅游产业布局与旅游经济发展。有着良好经济条件的地区，更容易为旅游业提供各种基础设施、交通运输手段与财力资源。加上较高的旅游服务和管理水平，能够有效增强旅游景观的吸引力，从而获得更多的客源市场，推动当地区域旅游业经济发展，实现经济效益与社会效益的双赢。我国东部沿海地区凭借雄厚的经济基础，其旅游经济也相对发达；而那些经济欠发达地区尽管拥有丰富的旅游资源，但因为缺乏必要的开发能力与配套的社会经济条件，将资源优势转化为经济优势的速度较慢，一定程度上影响着当地旅游经济发展。由此可见，在旅游区布局中，不仅要考虑资源、区位及市场因素，还要考量不同地区社会经济发展水平，适度超前发展旅游业，以旅游业带动地方经济发展。同时，结合不同发展阶段的社会经济状况，促进旅游区域布局，实现旅游经济与社会经济的共同发展。

5. 政策法规

经济政策、法律法规是政策部门重要宏观调控手段。通过制定经济政策和相应的法律法规，有助于促进旅游资源合理配置，推动旅游经济在数量扩张、结构转换和水平提升等方面的同步发展，为旅游经济良性循环发展营造有利条件，进而促进旅游经济布局合理化，缩小地区经济发展差异，实现总体效率与空间平等统一。旅游业作为一项以市场为导向的经济产业，如果缺乏国家政策以及法律法规方面的指导和调控，其持续健康发展必然受到影响。鉴于此，在旅游区域布局过程中，应当从旅游经济总体发展需要出发，制定有利于旅游区域布局合理化的产业政策与法律法规，为旅游经济可持续发展保驾护航。

第三章　低碳经济的发展路线

第一节　应对全球气候变暖

一、全球气候变化事实

(一) 全球温度的升高

大量观测数据表明，近百年来地球气候正在经历以全球变暖为主要特征的显著变化。特别是近年来，变化愈发明显。《大气科学进展》期刊日前发布研究结果称，全球海洋温度在2022年创下自1958年有记录以来的最高纪录，且数据显示，全球海洋2022年比2021年多吸收的热量，相当于地球上所有人全年每天都开着40个吹风机的热量。科学家称，海洋温度受到大气温度的影响，大气温度又受到温室气体排放量的影响，而温室气体排放中的大部分热量都会被海洋吸收，因此，过多的温室气体排放造成了海洋温度的上升，进而对全球变暖产生了影响。

(二) 海平面的上升

世界气象组织在2022年11月6日发布的《2022年全球气候状况》临时报告指出，近年来温室气体浓度不断上升，热量不断累积。报告显示，气候变化的影响愈发受到关注。自1993年以来，海平面升速已翻了一番，至2020年1月已上升了近10毫米，并在2022年达到新高。卫星监测数据表明，仅在过去两年半的时间内海平面的上升就占到了整体上升的10%。在《2022年全球气候状况》中还指出，当前覆盖在世界第一大岛格陵兰岛上的冰盖质量已经连续多年受损，且在2022年的9月首次出现了前所未有的降雨现象。

(三) 极端气候频发

全球变暖导致水分蒸发加剧，从而引发极端天气频发。由于水分蒸发，大气中的水汽增加，给大气增加了额外的能量，导致大气环流异常。水汽蒸发量会随着温度的升高呈非线性增加。在20℃时，每立方米空气最多可容纳17.3克水蒸气。大气中增加的这些水蒸气总量等于增加了相同量级的能量。这将对天气系统乃至气候变化带来极大的影响。这些积蓄的能量，必然会源源不断地释放出来，在它的辐射范围内演变成一股毁灭性的力量。

极端气候事件的发生频率和强度随着时间的推移也发生了改变，大部分陆地地区出现冷夜、霜冻的概率降低，而热夜、热浪、强降水事件发生的频率有所增加。

现今，地球因全球变暖引发的极端天气事件的强度、频率和广度在不断地增长。如澳大利亚和加利福尼亚可怕的森林、草原火灾，各地越来越多的暖冬天气等，新闻媒体在许多事件的报道中都加上了"史无前例"的定语。

(四) 温室气体增加

自工业化时代以来，人类活动引发全球温室气体排放增加，二氧化碳、甲烷是最主要的人为温室气体。中国气象局发布的《2021年中国温室气体公报》中指出，2021年观测的二氧化碳的浓度为417.0±0.2ppm、甲烷的浓度为1965±0.6ppb，氧化亚氮的浓度为335.1±0.1ppb，与北半球中纬度地区平均浓度大体相当，二氧化碳浓度较2020年增幅为2.5ppm，与全球增幅持平，甲烷浓度较2020年增幅约21ppb，略高于全球同期增幅。2021年我国6个区域大气本底站的二氧化碳和甲烷浓度与2020年相比总体呈现增加趋势。

(五) 积雪和海水面积的变化

世界气象组织（WMO）指出，全球平均气温上升的同时，海洋也在持续升温。自1970年以来，全球海洋在持续升温，与20世纪90年代对比，2010年代全球大部分海区的海温升高，部分海区升高0.5℃以上，大西洋西侧的近岸海区升温更加明显。升温导致冰雪融化，使海平面上升，淹没沿海低地，加大海水入侵面积，加剧海岸侵蚀，恶化海岸环境，加重风暴潮、洪涝的影响。由于海洋吸收了更多的二氧化碳，海表酸度不断增加，从海表面到1000米海水溶解氧含量在不断降低。

在中国渤海海域，近年来海冰面积明显偏少，2011年的海冰面积最大值为4.5万平方公里，而之后的海冰面积最大值仅为2.5万平方公里（出现在2016年）。随着温度上升，极端高温热浪出现频率更高、时间更长，强降水事件增多，全球呈现干的地方越干，湿的地方越湿的趋势，气候风险会进一步加剧。全球范围内的冰川质量损失、多年冻土融化以及积雪和北极海冰范围的减少将在未来一直持续，格陵兰冰盖和南极冰盖的质量损失也会加速，海洋热浪、极端厄尔尼诺和拉尼娜事件发生的概率会更为频繁。更多地区的海平面持续上升。

二、未来形势

由于全球气候变暖已经成为不争的事实，世界各地不同的研究机构和国家都对全球气候变化做出了一些预测。从不同机构对未来全球温室气体排放导致全球气温上升的预测可以看出，人类将面临更加严峻的全球环境。

美国大气研究中心的科学家做出两项最新的研究预测，其结论发表在美国杂志《科学》上。两篇文章从不同的角度预测了全球气候变化的趋势。一个是美国国家大气研究中心的魏格雷提出的，用相对简单的数学模型理解全球气候变化。他认为，海洋存在"热惯性"，会对温室气体等外界影响的反应有所滞后。因此，全球变暖的趋势是以前温室气体排放的后果。魏格雷预测，到2400年，大气中已经存在的温室气体成分将使全球平均温度至少升高1℃；温室气体的持续排放将使全球平均气温再上升2~6℃。这两个因素也将导致海平面每世纪分别上升10厘米和25厘米。

联合国政府间气候变化专门委员会（IPCC）根据气候模型做出预测：到2100年，全球平均气温估计将上升1.4~5.8℃。根据这个预测，全球气温将出现过去一万年中前所未有的巨变，从而给全球环境带来潜在的重大影响。

IPCC预测了未来的排放趋势。IPCC发布了第六次评估报告（AR6）第三工作组报告《气候变化2022：减缓气候变化》。在该评估情境中，将全球变暖幅度控制在工业化前水平的1.5℃以内，需要全球温室气体排放在2025年前达到峰值，并在2030年前减少43%；与此同时，甲烷也需要减少约三分之一。"如果想要将全球变暖控制在工业化前水平的1.5℃以内，现在就要采取行动。如果不立即在所有部门实施深度减排，就几乎很难实现了。"IPCC工作小组的联合主席吉姆·斯凯（Kim Skea）说。当二氧化碳排放达到净零时，全球温度也将达到稳定。如果要将全球变暖控制在工业化前水平的2℃以内，需要大约在21世纪70年代初实现全球二氧化碳净零排放，即"碳中和"；而如果要将全球变暖控制在工业化前水平的1.5℃以内，则需要在21世纪50年代初实现全球二氧化碳净零排放。该评估报告表明，要将变暖控制在工业化前水平的2℃以内，仍需要全球温室气体排放在2025年前达到峰值，并在2030年前减少四分之一。

三、全球气候变化对人类生存的威胁

（一）气候变化影响生态安全

1. 加快物种灭绝进程

事实证明，全球气候变化导致海平面上升，降水重新分布，改变了当前世界气候带的格局。这样的事实会导致了一个严重的后果：全球气候变化影响和破坏生物链和食物链，从而造成更严重的自然破坏。气候变化不仅会改变一定区域内各物种的适应能力，还会改变生态系统内各物种的竞争力。过去的气候变化已经迫使许多物种消失，而未来的气候也同样会在一些地区造成物种灭绝。因此，自然界中的动植物，尤其是植物群落，可能会因为无法适应全球变暖的速度而做出适应性转变，从而导致不幸的结果。但相反，一些物种会从变暖过程中受益，例如，它们的栖息地可能会增加，它们的竞争者和天敌可能会减少，从而可能导致该物种泛滥成灾。

2. 冰川融化

全球变暖最明显的后果之一是冰川融化，众所周知，世界上四分之五的淡水资源储存在冰川之中，而南极和北极的冰川蕴藏着全球 75% 的淡水资源，人类很难利用，而内陆高山冰川是河流的重要水源。随着气候变暖趋势的加剧，极地冰川的面积在不断缩减，厚度也在不断降低，裂缝加宽，加快了内陆冰川的融化速度，从而导致人类生存所需的淡水资源量减少。

在南极和北极地区，冰川融化是一个不断自我强化和相互强化的非线性进程。南极洲一半的海岸被冰架覆盖，如果冰架崩塌，南极大陆上融化的冰就会失去冰架屏障的阻挡，逐渐滑入海洋，从而引起海水上涨。地球上大部分的光和热是通过冰雪将太阳光反射回太空而获得的。冰架和冰川的减少也会降低星体的反照率，使地球变得越来越热。

北极冰川融化的原因与南极冰川的融化原因同中有异，在北极地区的冰川中盐分含量较高，这意味着来自大西洋的暖洋流正在加速冰川底层的融化，这将加快冰川的崩塌。在格陵兰岛，冰川崩塌相当于内率的冰被北大西洋暖流融化。冰川融化不仅会让北极熊面临灭绝，还会导致全球渔业资源枯竭，进一步危及人类的生存。

3. 永久冻土融化

冰川冻土层中封存着甲烷等温室气体，它一旦融化，这些气体将会释放到空气中，增加大气中的碳含量，强化地球的温室效应。在青藏高原至关重要的三江源地区，永久冻土融化将带来另一个可怕的后果。坚硬致密的永久冻土层就像岩石圈一样保护地表水，从而维持地表水平衡。冻土层的融化会导致地表水失去支撑而渗入地下，这不仅会直接影响江河的径流，还会使局部地表一步步沙漠化。

4. 海平面逐渐上升

近百年来，全球变暖致使海洋变暖，海水发生热膨胀，海平面进一步升高，海平面的直线上升将给全世界带来毁灭性的灾难。首先，直接危害是低地被淹没。这将威胁到沿海国家和多个岛国的生存和发展。其次，海平面上升也会导致沿海水土资源的恶化。

海水上升，海浪动力增大，破坏力增强，使海岸线后退、被侵蚀，破坏沿海养殖业和旅游经济发展。且因为海平面上升和海水侵蚀，沿海地下水位上升，盐分增加，土壤盐碱化加重，水土资源遭到破坏。随着海平面的持续上升，生活在海洋世界中的岛国居民将失去立足之地。

(二) 气候变化对人居环境及社会经济产生严重威胁

1. 气候变化危害人体健康

全球气候变化会通过极端天气和气候事件加剧流行病传播，对人类健康造成极大危害。美国全球环境与健康中心的保罗·爱泼斯坦指出，植物会随着雪线不断移动，随着山顶持续变暖，那些更高的海拔反过来更有利于蚊子及其携带的微生物的生存，例如疟疾寄生虫。气候变化对人类健康的不良影响主要包括以下几个方面。

(1) 气候变化对心理产生的影响。因为生存环境发生改变，以及异常气候事件的发生、气候变化对社会生活和家庭财产造成的损失等，人们的心里也会受到影响。

（2）气候变化将威胁人类健康。气候变化会造成全球人类疾病和营养不良，导致过早死亡。

（3）高温的影响。全球变暖将直接导致部分地区出现夏季超高温现象。每年都有许多人因此导致心脏病和由此引起的各种呼吸系统疾病而失去生命，多为新生儿和老年人。

（4）臭氧浓度的影响。全球变暖会导致臭氧浓度升高，低空中的臭氧会损害人的肺部组织，引发肺部系统疾病。

2. 全球气候变化会给人类生命和财产带来重大损失

由于全球气候逐年变暖，洪水、飓风等极端天气事件的发生频率和强度不断增加，严重威胁着人类生命财产安全。联合国官方网站称，气候变化是疾病和自然灾害频发的主要原因，这会让大量当地居民迁移出自己的家园甚至国家。气候变化对人类活动的方方面面都会产生影响，包括健康、能源、经济发展等。

在非洲南部，受全球气候变化的影响，近年来南非、马拉维、津巴布韦等国降水量连续创历史新高，都发生了不同程度的洪涝灾害。莫桑比克和马达加斯加甚至受到罕见的热带气旋的重创，许多房屋被摧毁，造成数百人死亡，数十万人无家可归。

3. 全球气候变化迫使贫困地区与贫困人群生存更加艰难

对人类来说，气候变化最迅速的、可预见的严重威胁，是加剧严重的饥荒和供水短缺，而受影响最大的是最贫困的群体。气候变化不仅增加了贫困人口的负担，也削弱了他们的抗贫能力，使贫困人口更加贫困。牛津饥荒救济委员会新西兰负责人巴里·科茨指出，如果不立即采取行动，气候变化的影响，将抵消所有贫困国家和地区过去长期扶贫工作取得的发展成果。

4.气候变化对全球农业生产造成的影响

全球变暖的不断加剧,使农业遭受严重的影响,且还会越来越脆弱。对发展中国家来说尤为明显,因为它们高度依赖农业,但缺乏抵御气候变化损失的资源和手段。短期内,随着全球平均气温上升,工业化国家或许能够提高粮食生产能力。但在低纬度地区,尤其是以旱地农业为主的贫困地区、半干旱和半湿润地区,即使全球气温略微升高,也很可能导致作物潜力的下降。

气候变化与全球粮食安全之间的联系复杂多变,气候变化将影响粮食生产的方方面面。全球气温变化首先将直接影响全球的水循环,导致部分地区出现旱涝灾害,造成农作物减产。天气多变将会促使收成困难,且气温过高将在一定程度上抑制种子的生长,从而引发粮食供应和价格波动。此外,随着全球变暖,一些国家和地区的农民将不得不选择新的作物品种来播种,这会使农业将遭受重大损失,从而影响到与农业相关的产业。

(三)气候变化威胁海岸地区

2020年3月,欧盟委员会联合研究中心的德国科学家发表在《自然气候变化》的研究表明,如果气候变化继续不受控制,到21世纪末,海岸线会将会受到超100米的侵蚀,世界上一半的沙滩可能会消失。欧盟联合研究中心的研究人员利用卫星图像来跟踪海滩在过去30年里的变化,并模拟全球变暖在未来可能对海岸线倒退产生的影响。米卡利斯·沃斯杜卡斯指出,"到21世纪末,世界上大约一半的海滩将受到超过100米的侵蚀。"这项研究发现,海滩受到威胁的程度取决于到2100年全球平均气温上升多少。气温上升幅度越大,意味着海平面上升幅度越大,一些地区的风暴也会更猛烈,导致更多的海滩消失在海浪之下。

全球气候变化已成为人类生存面临的最大威胁。全球变暖已经导致了很多灾难性的后果,比如冰川消退、海平面上升、洪水、森林火灾等;气候变化将导致农业减产，无法满足全球粮食需求；饥荒和疾病接踵而至，饥荒和疾病将会在全球蔓延。

四、全球气候变化的根源

(一) 碳排放导致的全球气候变化问题

地球变暖的原因是人类活动导致的温室气体增加，二氧化碳是最主要的温室气体。同时，二氧化碳还是地球上各种生物生命活动的主要参与者。通过一系列复杂的活动，二氧化碳不断地在地球大气层、生物圈、地圈和水圈中循环。在工业化时代之前，人类活动都是小规模进行的，因此产生的二氧化碳排放对地球大气层的影响很小。工业革命的到来以前所未有的规模和速度改变了自然界的碳循环。随着现代工业和交通运输地迅速发展，城市化水平不断提高，煤炭和石油的消耗量快速增加，导致大气中二氧化碳的浓度不断增加，且增加的速度也在不断地加快。自然界中碳的循环平衡被彻底打破，地球开始"升温"。

全球人口的快速增长，导致人类的能源消耗不断提升，工业基本都是靠碳基能源在维持。煤炭和石油资源都是古生物在地下经过亿万年的沉积变化而成，其存储极为有限，属于不可再生能源。如果按照现在的消耗速度来看，世界上的石油和煤炭资源将在近两百年内逐渐被耗尽。20世纪60年代以来，水电、太阳能、地热能、核能等新兴和可再生能源相继开发，开始部分代替碳基能源。随着技术的进步，这类新能源的比重将不断提高，有望为人类社会提供清洁持久的动力。

(二) 人口剧增

世界人口增长从两方面不断扩大着对自然资源的消耗。首先，人口数量的不断增长，使得在同等消费水平下，对资源的需求量同比增加；其次，生活水平的不断提高和传统生产方式及消费模式对资源不加限制的利用，使人类消耗资源的速度远远超过人口增长的速度。在满足人类快速增长的需求过程中，人类向大气层排放大量的温室气体和污染物质，改变了大气的化学组成。且人口过多，导致每年仅人类自身排放的二氧化碳就是一个惊人的数字，其结果直接导致大气中二氧化碳的含量不断增加。

（三）工业化发展

工业革命以来，人类活动对气候变化的影响愈发强烈。工厂不断消耗煤炭、石油、天然气等化石材料，汽车不断排放尾气，增加了大气中二氧化碳的含量。这些因素都一步步导致地球在不断地升温。且工厂排放的大量废气，造成空气污染，改变大气层原有的结构，导致臭氧层被破坏，进而使全球气候变暖。此外，工业废气也是导致酸雨的主要原因之一，这对自然环境来说是不可逆的伤害，甚至是毁灭性。

（四）土地利用导致的破坏

人类过度砍伐森林取材、开垦土地用于农业生产、过度放牧，严重破坏了植被结构。这种不当的人类活动导致越来越多的土壤被侵蚀和沙漠化。土壤侵蚀会降低土壤肥力和保水性，从而导致土壤生物生产力及其维持生产的能力下降，并可能引发大范围洪涝灾害和沙尘暴，导致生态环境恶化，给社会造成重大经济损失。同时，地表植被遭到大量破坏使地面直接裸露，导致大量水汽蒸发到空气中，太阳能无法转化为其他能量，因此直接以热形式存在于地球表面。

（五）森林资源锐减

在世界范围内，因为受到自然和人为因素的影响，森林面积已大大减少。在8000年前人类还没有从事农业生产的时候，地球上大约有61亿平方公里的森林，也就是说，有近一半的土地被森林覆盖（地球陆地面积约130亿平方公里）。森林面积急剧萎缩后，不仅大大降低了消化二氧化碳的能力，而且当参天大树被砍伐后，无法使用的部分将会腐烂或被焚烧，会释放出大量二氧化碳。

(六) 环境污染

日益严重的环境污染已成为全球性的重大问题，这也是导致全球变暖的主要因素之一，主要包括水污染、空气污染、噪声污染、放射性污染、有毒废弃物污染等。各种环境污染，加上地表水逐渐萎缩，降水量大大减少，降低了吸收、溶解二氧化碳的条件，破坏了二氧化碳生成和转化的动态平衡，使大气中二氧化碳含量逐年不断增加。

第二节 低碳经济发展的实质与目标

一、低碳经济发展的实质在于"脱钩"

"脱钩"一词在多个领域都有应用，它本质上指不同因素的增长率随时间的变化而分离。当"脱钩"概念应用于经济发展，特别是可持续发展的背景下，大致包括两个方面：一方面是资源"脱钩"。随着以 GDP 为代表的经济发展，自然资源的投入强度逐渐降低，资源利用效率不断提高；这体现在增长曲线上，也就是资源利用总量增长曲线的斜率小于经济增长曲线的斜率。另一方面是环境影响"脱钩"。即随着经济的发展，污染物排放总量增速放缓，单位国内生产总值污染物排放强度下降，经济发展对环境的不良影响减小，直至环境质量显著改善，并能创造更好的生态环境。居民生活在良好的环境中，使人民的福利水平高于经济发展或人均收入水平，简而言之，即人民群众的幸福指数不断提高。

自 1972 年罗马俱乐部发表《增长的极限》以来，资源与环境成为关系人类生存的重大问题。随着技术的进步和替代资源的出现，提高资源供应和使用效率成为可能。与此同时，资源仍在被过度消耗，浪费依然无处不在。国内外科学家针对如何让人们更加经济合理地进行生产和消费，展开了大量的研究，并提出了二倍、四倍、五倍、十倍因子理论，甚至有人提出了20倍因子假说。

在《四倍跃进：一半的资源消耗创造双倍的财富》中，厄恩斯特·冯·魏茨察克等人，提出了提高资源效率和用更少的资源创造更多财富的方法。文章强调的核心是资源效率，即更有效地利用资源，以更少的资源消耗换取更好的生活质量。在书中，作者列举了50个鼓舞人心的四倍跃进效率革命的例子，从日常家庭生活消费模式到办公模式，从农业到制造业和交通运输。提高资源效率需要全面改革，需要创新设计生产低碳经济理论和发展路径、分工和消费模式，需要正确认识人类进步程度和生活质量。但值得思考的是，更好的生活并不意味着更快的成长，要想活得好、成长得更快，就需要走与环境相适应、与发展共进的生产生活之路。英国提出"没有增长的繁荣"，可以看作是人类以更少的资源获得更多增长的探索。

为回顾1992年里约环境与发展会议20年来取得的进展，联合国环境规划署组织专家开展了一系列研究，研究主题之一就是经济发展与资源环境"脱钩"。通过对东亚、非洲等区域经济发展的分析，提出"脱钩"路径，推动绿色经济成为未来经济发展的典范。

二、低碳经济发展的目标是提高碳生产率

在经济学中，提高碳生产率即保持产出量不变，但投入的碳总量减少了，或者碳排放的产出量保持不变，但产出量增长，这是排污权交易所追求的。在实际情况中，对于发达国家一些碳生产率较高的企业来说，一个单位碳排放量能产生更多的国内生产总值。反之，碳生产率高的国家、地区或企业，减排成本也高。由此，碳排放权交易市场应该明确，碳生产率较高的地区或企业可以排放更多的碳，而非将碳排放量平均到每个人。

第三节　中长期发展与我国战略选择

一、中长期预测的前提与分析

（一）情景分析框架

我国通常会采用情景分析法来进行中长期研究。总体思路为：解读2050年达到中等发达国家水平时中国能源供需形势；结合未来中国经济社会发展的内、外部条件变化，以及对能源的需求，设定不同的能源消耗和碳排放情景；运用模型工具，通过定量计算和定性分析，实现既定目标，研究不同的政策选择对能源需求的影响，从而推测碳排放情景。

具体研究路径：第一，从解释既定经济社会发展目标的角度，解读人口城镇化、工业化、经济增长模式和路径、资源可得性、技术进步等因素，设计不同的能源需求和碳排放场景；第二，通过能源系统分析工具，从行业角度探讨不同情景下的终端能源需求；第三，分析优质能源的可得性、可再生能源的商业化进程等因素，分析终端能源需求的一次能源可能的供应途径，及相应的二氧化碳排放量；第四，探寻低碳发展路线及相关战略和政策选择。通过可计算一般均衡模型（CGE）耦合各部门经济发展与产品产出的相关性、各部门之间的相互关系，并通过AIM能源排放模型分析终端能源需求。

在未来，我国对能源的需求将会快速增长，尤其是油气等优质能源的需求，碳排放进入"快车道"。国际能源署（IEA）和美国能源情报署（EIA）研究推测，如果中国GDP在2030年前继续保持6%的增速，2030年能源需求将超过60亿吨标准煤。其中，2030年石油需求可能超过9亿吨。

根据IPAC模型组的中长期情景研究，以基准情景为基础，参考IPCC第六次评估报告，并结合未来能源需求和碳排放的相关因素，相关研究设计了三种情景来探索中国的低碳发展路径。

第一种情景是节能情景。也就是说，目前的节能减排（主要污染物二氧化硫、化学需氧量等排放量）已经考虑过了，不会针对气候变化采取具体的应对措施。对于未来的能源需求和碳排放，这是很可能出现的情景。在此情景下，将会侧重于经济发展方式的转变，当前节能减排政策将延续，经济社会能源与环境处于"紧平衡"状态。随着综合国力的提高，科技投入加大，科技进展加快，但生活方式和消费方式变化不大。

第二种情景是低碳情景。指综合考虑经济社会可持续发展、能源安全、国内环境和走低碳道路的要求，在进一步加强技术发展、转变经济发展方式、转变消费方式等方面下大力气，实现低能耗、温室气体低排放等的能源需求和碳排放情景。该情景前提是在经济发展方式、能源结构优化、节能减排技术以及生活方式引导等方面发生重大变革，实现经济社会发展、能源与环境更加和谐。

第三种情景是强化低碳情景。主要考虑是中国可以在全球减缓气候变化共识下作出进一步的贡献。该情景假设在世界各国共同努力下，技术进步进一步加强，重大技术成本将加快下降，发达国家将在技术和资金方面全力支持发展中国家。鉴于2030年后中国综合国力的提升，可以继续加大对低碳经济的投入，更好地利用低碳经济发展机遇，推动经济社会发展。中国在清洁煤技术、二氧化碳捕集与封存（CCS）技术等一些领域的技术开发已经处于世界领先地位，这将推动CCS技术在中国的大规模应用。

（二）减排情景的情景分析及其主要结论

1. 实现既定的经济社会发展目标，能源需求总量将成倍增长

城镇化水平的提高、城市基础设施的完善、人民生活条件的改善、住宅面积和汽车保有量的不断增加，都需要以高耗能产品的积累和能源消费为基础。

不管采取何种发展道路，未来30至50年完成工业化、城镇化，实现既定的经济社会发展目标，中国能源需求总量将翻一番。

中国工业化过程中的二氧化碳累计排放量低于多数发达国家。到2035年前后，中国将全面完成工业化，人均二氧化碳累计排放量可控制在220吨以内甚至更低。同时，因为我国国土面积大、人口基数大，要实现为世界提供如此低的人均累计排放水平，需要经过艰苦的努力才能达到。

2. 现有经济增长方式难以持续，必须寻求突破

长久以来，我国经济发展呈现出以投资和外需为主的工业部门快速扩张、能源消耗高的特点。以巨大的资源环境为代价，取得了经济快速发展。这种经济增长模式难以为继。如果外需跟不上，经济发展将会面临困境。

中国钢铁产量和水泥产量连续多年位居世界第一，占世界总产量的40%以上。再翻倍增长几乎是不可能的。如果到2050年要达到中等发达国家水平，主要依靠高耗能产业也是不可能实现的。如果延续1978年至2008年能源消费增长态势，到2050年我国能源消费量将达到270亿吨标准煤，远超2008年全球能源消费量161亿吨标准煤，地球资源供不应求。

如果按照基准情景，到2050年人均能源消费量达到中等发达国家水平，我国能源消费量将达到78亿吨标准煤，这将对国家能源安全以及经济安全构成较大隐患。除了我国的能源资源难以供应外，还将给全球温室气体减排增加压力。且如果结构不变，温室气体排放量将达到170亿吨，占全球排放总量的60%。即使我国在2050年比能源效率最高的国家做得更好，也很难保持可持续发展。

因此，我国亟须转变高耗能产业发展的现状，探寻新的经济增长点，实现可持续发展。传统工业产业升级、现代服务业比重提升、发展以低碳为主要内容的低碳产业，是我国经济社会发展的必然趋势。

3. 重点是选择合理的消费模式、优化结构、提高能效、发展低碳能源

（1）控制能源需求过快增长，形成合理的消费格局。不合理的消费会浪费大量资源、增加生产的盲目性、增加二氧化碳的排放。所以，要对人们进行消费观念的合理引导，如改变出行方式。与节能情景相比，在2050年低碳情景下，通过合理引导消费，二氧化碳排放量预计可减少约29%。

（2）形成高效节能的生产和消费结构。同样的需求，可以采用分散供给，也可以采用集约供给；生产同一种产品，可以采用从原材料到产品的一次性生产方式，或者采用循环生产方式。将两者进行比较，显然后者更节能，排放的二氧化碳更少。优化结构包括：加快地铁等公共交通的发展进程，推广集中供热，推广以废钢为原料的短流程生产工艺。通过优化供给结构，2050年低碳情景下，二氧化碳排放量预计可减少20%左右。

（3）建设低碳高效的能源工业。以低碳能源替代高碳能源是中国低碳能源发展的趋势。能源行业低碳化的途径包括：推动新能源和可再生能源的发展，高速促进可再生能源比重，加快发展二氧化碳捕集和封存技术。与节能情景相比，在低碳情景下，这种方式可以使中国2050年的二氧化碳排放量预计减少30%左右。

（4）加快技术研发和创新，提高终端用能效率。我国需要加快提高能源使用效率，达到世界先进水平。运用政策、法规等手段降低汽油车油耗水平，对空调和电机系统制定更严格的能效标准。与节能情景相比，2050年低碳情景下，终端部门技术进步预计可减少21%的二氧化碳排放量。

如果以上几方面都奏效，中国将减少大量的温室气体排放。与节能情景相比，低碳情景下的碳排放到2050年预计可减少近三分之一，其中生活方式的改变为主要影响因素。这表明，我国作为发展中国家，减少温室气体排放最有效的途径是转变生活方式。2050年，碳替代、碳减排、碳封存、碳循环这四种碳

中和途径的贡献率基本各占四分之一，呈现"四个四分之一"局面。其中，生活方式转型和能源加工转化板块贡献较大，而结构调整和终端部门技术进步贡献略小。

4. 碳减排的重点要从以工业部门为主，转向工业、建筑和交通行业并举

在2010年之前，工业部门能源消耗和二氧化碳排放量约占总排放量的70%，是我国能源消耗和排放的主要行业。冶金、建材等高耗能行业随着工业化的逐渐成熟，以及循环经济的加速发展，可以实现在产值持续增长的情况下，保证二氧化碳的排放量不增。随着工业部门调整内部结构，充分挖掘工业部门内部节能潜力，工业能源消耗和二氧化碳排放量的增长速度将趋于平缓。

此外，随着居民消费结构的逐步转移，商业、住宅、交通等领域的能源消耗和碳排放将快速增长。到2050年，强化低碳情景下我国终端能源消费部门的二氧化碳排放结构，将接近目前发达国家工业、建筑和交通各三分之一的水平。因此，节能减排工作的重点应逐步延伸到工业、建筑和交通等行业。

5. 温室气体减排离不开世界各国的通力合作

我国的低碳情景是一条前所未有的低碳发展道路。虽然我国为应对气候变化做出重要贡献，21世纪中叶累计人均排放量可能仍低于发达国家，但如果发达国家人均排放量远低于全球平均水平，而中国人均排放量略高于世界平均水平，那么，我国可能仍需要承担较大的减排压力。

为将全球温升控制在2℃以内，到2050年发达国家减排量需要比1990年减少90%以上。同时，还要向发展中国家提供资金、技术和能源支持，包括中国在内的发展中国家要加速推进低碳发展进程。

6. 选择绿色低碳发展道路的风险及其不确定性

（1）认识转变的不确定性。联合国于1992年提出的《21世纪议程》中主张转变高消费惯性，形成可持续消费模式，但没有成功经验可以推广。而且，需

求驱动的市场经济与强调节俭生活方式的协调，在经济学上还没有成熟的理论基础，在实践中存在较大的不确定性。

（2）科技创新和技术转移的不确定性。先进技术是低碳发展的前提条件。我国低碳发展的技术可行性，直接决定了低碳研发成果能否转化为成熟产品。此外，发达国家能否尽快向发展中国家转让低碳技术来帮助发展中国家实现减排，也存在很大的不确定性。

（3）资金支持的不确定性。资金是低碳发展的保障。对节能高效技术、可再生能源技术和 CCS 技术的开发和商业化的投资决定了其发展前景。我国实现低碳发展，每年需要追加 1 万亿元以上的额外投资，而筹集资金，确保资金来源稳定，统筹国内外资金投入和高效使用，还存在很大不确定性。

（4）外部环境的不确定性。我国在利用国际优质能源、发展水电、核电等方面经常会被误解。在金融危机影响犹存的同时，各国贸易保护主义卷土重来，我国多次遭受反倾销和反补贴调查。这方面的问题如果得不到解决，我国低碳能源发展道路将会受到影响。

二、温室气体的减排潜力与成本

（一）不同的减排措施及其潜力

到 2030 年，减排措施主要包括提高能源效率、低碳能源供应、陆地碳汇（林业和农业）、改变消费行为等。其中，前三种方式属于技术减排措施。到 2030 年，减排量相当于每年 700 亿吨二氧化碳当量，潜在减排总量可达每年 380 亿吨二氧化碳当量。在积极改变消费行为的情况下，到 2030 年，可以获得额外 35 亿至 50 亿吨二氧化碳当量的减排量。

预计电力部门将低碳发电技术在全球电力生产中的份额，从 2005 年的 30% 增加到 70% 左右。预估交通行业到 2030 年将售出 4200 万辆混合动力汽车，占所有新车销量的40%。预估林业部门到2030年减少1.7亿公顷森林砍伐，并在目前3.3亿公顷贫瘠的土地上植树造林。

提高能源效率的措施和途径包括：采用新工艺和新设备，如，采用节能型流程、优化过程参数(如转化率、回流比、循环比等)，提高装置操作弹性，改进反应操作条件；降低动力能耗，例如，可以采用电动机变频调速技术，降低电力和蒸汽消耗；能量综合利用，即把生产中大量使用的燃料、蒸汽、电力、机械能和生产过程中产生的可燃性气体、反应热及多种余能有效地组合起来，以求得系统能量的高效利用。

提高低碳能源供应的措施和途径包括：加强能源政策制定，制定适应低碳经济发展的能源政策，鼓励清洁能源发展，推动新能源使用；促进清洁能源技术创新，加大对清洁能源技术研发的投入，提高清洁能源技术的研发水平；推动能源消费方式转型，鼓励节能减排；推广低碳生活方式加大能源管理力度；加强能源监管，制定严格的能源消耗和排放标准，规范能源行业产业链，加强对能源企业的监管；提高能源效率，促进能源利用效率的提高，推广高效能源技术和设备，加强能源管理和评估；加强国际合作，积极参与国际能源合作与交流，开展能源技术、政策、经验等方面的合作与交流。

提高陆地碳汇(林业和农业)的措施和途径：在林业方面应通过植树造林、退化生态系统的修复、建立农林复合系统、加强森林管理等提高林地生产力，增加森林碳汇；通过减少林木砍伐、采伐措施改进、木材利用效率提高、森林灾害防治加强等措施来保护森林碳贮存；通过使用其他清洁能源替代薪柴、采伐剩余物的回收利用、木材深加工、木材循环利用等措施来实现碳替代。在农业方面需要优化传统耕作方式，采用少耕、免耕措施可以取得双赢效果；实施科学的田间管理措施，给农田施有机肥；强化农田土壤保护，通过退耕还林、还草和其他修复措施来对耕作土壤进行修复；减少稻田甲烷排放，通过优选优育水稻品种，改良耕作方式和合理施肥、灌溉管理等措施实现。

改变消费行为的措施和途径主要为：减少公务和私人出行、接受更大的室内温度变化(减少冷暖气的使用)、减少家用电器的使用等。

四个措施只有在各地区和各部门最大限度地发挥减排潜力的情况下才能实现预期效果。由于减排潜力因部门和地区而异，因此需要采取全球性的跨部门行动来减少排放。如果任何一个重要部门或地区的减排行动没有达到应有的效果，即使其他部门或地区为减排付出了高昂的代价，这种影响也只能得到部分补偿。

(二) 不同减排措施的成本

想要将全球变暖的二氧化碳排放量减少并控制在2吨以内，行动的时间极为重要。麦肯锡研究表明，如果全球减排行动始于2020年，即使运用成本更高的技术缓解措施、改变消费行为，也很难实现的温室气体浓度稳定排放轨迹。延迟行动意味着温室气体排放将按照"一切照旧"的发展模式继续增长。在某些经济部门建设高碳基础设施，将被"锁定"在未来几十年的高能源使用水平。跨经济部门的碳密集型基础设施的有效生命周期平均为14年。延迟一年行动将失去18亿吨二氧化碳当量的减排机会。再加上"锁定效应"，二氧化碳的峰值浓度将比预期高出。

麦肯锡的研究表明，减排带来的节能收益大于投资。如果全球严格按照从低成本到高成本的顺序，也就是运用比实际中更合理的经济方式，成功实施成本曲线上的每一项减排措施，到2030年理论上平均减排成本应该为每吨二氧化碳当量4欧元，实现整条成本曲线的总成本约为1500亿欧元。但这个结果也存在不确定性，因为首先，成本曲线是一个积极的假设，也就是说，减排机会可比被充分利用；其次，大规模的减排计划对经济活动有明显的动态影响，可能会增加成本或降低成本，这由计划的实施方式决定，而在成本分析中没有将这些因素考虑进来。

三、低碳产业的框架与低碳经济转型

发展低碳经济实质上要以低能耗、低污染、低排放为基础开展行动，否则就是空谈。严格来说，低碳产业没有统一的定义标准。因此，低碳产业划界标准需要认真研究。本文的低碳产业主要是指相同经济活动中二氧化碳排放量较少的产业，包括化石能源低碳转化与高效清洁利用、可再生能源开发利用、低碳服务业三大类。如果说传统产业低碳经济转型是重要内容，那么产业结构升级也可以实现降低单位GDP二氧化碳排放强度的目标，且是重要的途径。

中国环境与发展国际合作委员会（以下简称国合会）2009年的报告，为中国低碳经济发展路线提供了方向，其中包括五个支柱：绿色低碳工业化、低碳城市和交通、低碳能源和结构、优化土地利用和增加碳汇以及可持续消费模式。发展低碳经济需要重点关注技术创新、市场机制和制度安排。减排还能从增加碳汇、提高温室气体的吸收着手。增加碳汇包括森林、耕地和草地三个领域方面。每个领域都有三种途径，即增加碳库贮量、保护现有碳贮存和碳替代。

（一）增加森林碳汇

森林碳汇是最有效的固碳方式，实现进一步增加碳汇，我国应通过造林再造林、建立农林复合生态系统等措，提高森林生产力，延长采伐轮伐期，增强森林碳汇；减少操作时间、提高木材利用效率，有效地控制森林危害，从而改善森林碳储存；用沼气等替代高耗能材料、木材产品深加工、循环利用等，多方式、全方位实现碳替代。

（二）增加耕地碳汇

耕地土壤碳库是陆地生态碳库的重要组成。保护性耕作，包括免耕、永久覆盖、多样性复合种植系统和综合养分管理系统，是耕地碳增汇减排的主要路径。不同地区的耕地土壤表层初始有机碳密度与变化特征存在差异，基本表现为东北、华南、西南高，而华北、西北较低，东北降低而其他地区升高的格局。气候、地形、土壤母质等因素变化导致不同地区耕地土壤碳密度饱和水平存在差异。

(三) 增加草地碳汇

草原生态系统在全球碳循环和减缓气候变化方面发挥着重要作用。其关键是要防止草地退化、禁止开垦草原。具体可以从降低放牧密度、围封草地、人工种草、恢复退化草地、创新草原管理理念、强化管理能力、加强草原碳汇研究、培养专业人才、理解草原碳循环过程、围栏饲养、轮牧、引进优质牧草、加强牲畜管理等着手，提高草地碳汇。

(四) 湿地固碳

中国环境与发展国际合作委员会 (以下简称国合会) 在2009年度的研究成果，为中国低碳经济发展指明了五条路径：绿色低碳工业化、低碳城市与交通、低碳能源与低碳结构、提高土地利用与碳汇量以及可持续发展模式，发展低碳经济需要重点关注技术创新、市场机制和制度安排。减排还能从增加碳汇、提高温室气体的吸收着手。增加碳汇的领域包括森林、耕地、草地、湿地四个方面。每个区域都有三种途径，即增加碳库储存量、保护现有碳库和碳替代。

湿地素有地球之肾的美称，其是一个相对活跃的生态系统，这与大气圈、陆地和水圈中的大部分地球化学通量有关。由于水饱和度和厌氧生态特性，湿地中含有大量的无机碳和有机碳。湿地也是温室气体的重要排放源，不能让碳汇变成"碳源"。因此，可以通过立湿地公园、恢复湿地、利用湿地处理污水等方式，提升湿地碳汇功能。

总之，作为世界上最大的发展中国家，中国将发达国家二三百年的工业化进程压缩到几十年，走上了"快速工业化之路"。在全球温室气体减排新环境下，我国需要立足基本国情，依靠知识、技术的创新和支撑，走上具有新时代特征和中国特色的发展道路。

第四节 减排技术与政策扶持

一、技术路线图与关键技术

（一）技术路线图的研究方法

1. 以模型情景分析为基础的路线图

这种技术路线图注重减少温室气体排放的技术潜力。模型通常分为"自上而下"模型和"自下而上"模型。前者不直接描述技术，而是反映宏观意义上的技术进步。后者更具体地分析某项技术生命周期的变化。国际能源署（IEA）开发的能源技术前景模型（ETP模型）包括1000多项技术，能源研究所开发的IPAC-AIM技术模型涵盖42个部门的500多项技术。

"ACT系列情景"研究表明，如果广泛利用现有或未开发的先进技术，2050年全球二氧化碳排放量将恢复到现在水平，能源领域的额外投资为17万亿美元。而"BLUE系列情景"的研究结果表明，如果要实现到2050年二氧化碳排放量减少50%的目标，到2050年全球需要额外投资超过45万亿美元，以运用这些尚处于研发阶段、仍具有不确定性的技术。

姜克隽等人借助能源与环境综合政策评估模型（IPAC），针对我国中长期能源和温室气体排放情景开展了分析、研讨，研究设定了基准情景、低碳情景和强化低碳情景。研究结果表明，基准情景下，我国能源需求将持续增长，低碳情景下，到2050年能源需求将减少24%，强化低碳情景的可继续下降4.5%。

实现低碳情景和强化低碳情景，需要长期对广泛领域实施技术、消费行为等的创新。该研究深入阐述了发电、节能消费品等对实现低碳情景的作用，还为重要的低碳技术的发展提供了路线图和普及率目标。

2. 以技术预见为基础的路线图

国家科技路线图多以技术前瞻为依据，按照"国家目标—战略任务—关键技术—发展重点"的分析框架编制，主要包括：利用情景分析研究经济社会发展目标；利用数据跟踪等方法挖掘文献和专利数据库。钱祖教授以我国的技术预测数据为基础，列出了一份节能减排关键技术群清单。每个技术群都包含若干开发重点。同时，综合考虑技术研发基础与国外先进水平的差距以及技术发展路径，绘制出我国节能减排技术路线图，但未涉及尚处于基础研究阶段、在未来有重大减排潜力的技术。

2008年，我国40多位中科院专家按照"能源发展需求—重要科技问题—重要技术方向—重要技术方向路线图—创新能源技术统筹部署—保障体系建设"的逻辑构架编制了"中国至2050年能源科技发展路线图"，确定了10个重要技术方向和发展路线图，包括：高效非化石燃料地面交通技术、电网安全稳定技术、可再生能源规模化发电技术、氢能利用技术、新型核电及核废料处理技术、具有潜在发展前景的能源技术等。

(二) 关键技术

关键技术领域主要指清洁能源（主要是电力）、交通运输、建筑和电器以及工业。由于科学技术发展具有不确定性，存在风险的技术包括CCS、新一代生物燃料、可再生能源的规模化应用、纯电池电动汽车，以及以低碳方式生产的水泥和钢铁等，都存在延迟或失败的风险。因此，每一项关键技术不应是一个单项技术，低碳技术的战略选择应面向一系列关键技术组合，以确保能源安全和减排目标具有可选择的弹性，为国家调整低碳技术发展状况成为可能。

二、技术创新的推动措施

(一) 战略性技术

1. 将技术研发提升到国家科技战略层面

可以借鉴韩国在天然气水合物研究方面的经验。韩国于2005年成立了国家天然气研究机构（GHDO），主要包括了知识经济部、地球科学与矿产资源研究所、韩国天然气公司和韩国国家石油公司，主要负责推动天然气水合物研究计划。

2. 提供资金支持

欧盟在2003年制定并发布了《欧盟氢能路线图》，在5年内投资20亿欧元用于氢能、燃料电池和燃料电池汽车的研发和示范；日本经济产业省每年投资约2.7亿美元用于燃料电池相关项目研究。只有进一步加大关键技术上的投入，才能确保在未来低碳技术发展中处于有利地位。

3. 建立与国际研究资源对接机制

以核能研发为例，阿根廷、加拿大、法国、南非、英国等共同组织了第四代反应堆国际论坛，以推动第四代核电技术的研发。2006年美国启动"全球核能伙伴关系"（GNEP），并就此在2007财政年度向能源部拨款2.5亿美元。我国核技术研发也已参与了多项国际合作，包括"创新型反应堆和燃料循环国际计划（INPRO）""国际热核聚变试验堆计划（ITER）"等项目，应以此为基，快速推动核技术发展战略的实施。其他前瞻性技术也应将参与高端国际合作项目作为科研工作的重点之一。

(二) 创新型技术

1. 编制产业化技术路线图

为了协调欧洲各种分散的太阳能热发电研究方法，2005年，欧盟委员会制定了《欧洲集中式太阳能供热路线图》,并使该技术在一定时间内达到具有竞争力的成本水平。

2. 搭建技术创新平台

国家半导体照明工程研发与产业联盟于2004年成立,这是一项推动创新的成功案例。科技部、财政部第六大部委在2008年发布了《关于推动产业技术创新战略联盟构建的指导意见》,起到科技计划配置资源的引导作用。

3. 发挥企业创新主体的作用

企业既是市场经济的主体,也是技术创新的主体。遵循技术创新规律,围绕企业发展需求,破除体制机制障碍,强化企业创新主体地位,激发企业技术创新内生动力,有助于持续强化企业技术创新的策源优势,为驱动减排技术发展提供有力支撑。可采用的政策包括:协调产业化标准,防止技术标准垄断形成壁垒。设立企业孵化器,管理咨询和培训、提供信息技术服务。设立中小企业担保计划、种子基金等。"科技型中小企业创新基金"在1999年成立,每年作为专项资金列入中央财政预算,包括贷款贴息(中试阶段项目)、无偿资助(研发阶段项目、重点项目)和资本金(股本)等,在支持科技型中小企业技术创新方面取得了显著成效。

4. 提供资金支持和政策激励

可以将扶持企业承担国家科研项目与税收优惠等激励政策相结合。2006年,国家税务总局出台了企业技术创新所得税优惠政策,通过研发费用税前加计扣除、加速设备资产折旧和税收减免等政策,为企业技术创新提供激励,加大政策的可操作性和执行力度。

5. 为技术的市场准入创造条件

市场结构和相关法规直接决定了创新性技术打入市场的能力水平。限制性法规或被垄断性企业主导的市场,可能会导致未来技术应用失败并阻碍潜在创新者的投资。公平竞争政策对于推动前述行业的低碳创新发展而言有着重要的影响。

6. 推动国际合作

国家要鼓励和支持企业和科研机构开展与国际经验和最佳实践的对接工作，推动商务促进机构在企业跨国合作中发挥更大作用。中美清洁能源联合研究中心于2009年7月成立，两国共同投资1.5亿美元作为启动资金，在清洁能源、建筑能效、电动汽车等领域开展合作。

(三) 成熟技术

1. 转变观念

对于引进的技术，应重视培养企业消化、吸收和再创新能力。因此，企业的再创新行为需要有政策引导。培育市场激发国产化技术需求，包括相关部门的优先采购，建立首台国产装备使用风险补偿机制，鼓励保险公司开展首台国产重大技术装备的保险业务等。

鼓励运用"技术引进—消化—吸收—再创新"的发展战略，降低技术创新成本。尽管"以市场换技术"备受争议，但三峡公司本着"技贸结合、技术转让、联合设计、合作制造"的战略方针，与国外企业展开合作，成功培育出了两家拥有核心技术和具备大型装备制造能力的中国水电装备企业，在大型机电设备制造方面跻身世界先进国家行列。

2. 形成以企业为主体的技术推广利用体系

对掌握核心技术或自主研发技术的，应给予补贴和税收优惠。除了对生产者的补贴外，还应为经济效益不佳的技术提供终端用户补贴，包括加大对消费者购买低碳产品的金融支持，研究绿色消费信贷等。

3. 加大扶持力度

应针对高碳技术的发展出台一些限制性政策，包括明确新增和扩建工业产能的能效要求，以及对发电集团可再生能源发电比例的要求。约束性政策可与鼓励性政策（财政补贴、税收减免、低息贷款）相结合使用。

4. 引导社会资金进入低碳技术的推广领域

运用政策性资金鼓励，引导风险投资向低碳技术投资。相关部门需要营造积极的制度环境，通过适度的税收补贴政策，快速推动绿色风险投资业的发展。合理规划以确保基础设施能够为大规模应用低碳技术提供服务。例如，对于可再生能源并网发电，需要增强电网基础设施的安全性和调度能力。

（四）商业化技术

1. 完善法规和标准，增强监管力度

持续完善能效标准，加快推动高耗能产品退出市场的进程。以《能源效率标识管理办法》为例，该制度运用"企业备案、市场监管"模式，能效标识上的数字是由生产商根据自己检测的结果标注的，由监管机构进行抽查。加大违规行为的惩罚力度，保障监管的有效性。

2. 鼓励适宜的商业模式

现阶段融资困难的主要原因在于，银行和投资者对尚未得到大规模应用的节能低碳新技术心存疑虑，能源服务公司（ESCO）模式是已被广泛证明的成功商业模式之一。能源合同管理也是一种有效的方式，应进一步推广应用。

3. 完善第三方标识系统和认证制度

构建简单、明确的第三方能效标识系统，为消费者购买高能效产品创造条件。例如，已经应用于冰箱、空调的家电能效标识系统，将电器的能效分为五级，这对节能家电起到了一定的推广作用。加速推动舆论宣传和信息推广，引导企业和公民履行社会责任，积极提供和采用低碳产品，减少碳排放。

第四章 旅游发展的可持续化规划

第一节 可持续发展与旅游景区规划

一、可持续旅游发展概述

(一) 可持续发展的概念

人们出于对传统发展方式引发的一系列问题的思考，创造出了现代的可持续发展理念。可持续发展理念诞生于20世纪80年代，自其被提出后，众学者纷纷将其带入自己的研究领域，集合本国国情，从自己的专业角度来阐述可持续发展。

1978年，世界环境和发展委员会（WCED）发表了《我们共同的未来》报告，指出可持续发展"兼顾当代人和后代人需求的发展"。这一定义明确表达了两个基本观点，一个是，人类需要发展；另一个是，发展要有限度。

可持续发展的概念虽然有不同的表述，但上述定义具有广泛影响和普遍意义。这个定义具有哲学上的概括性，其他定义则是对这一定义的深化。

(二) 可持续发展的基本内容

1. 强调首先要发展

发展的主要目的是满足人的需求和欲望，发展也是人类永恒的主题，更是人类共同的、普遍的权利和要求。发达国家和发展中国家都享有平等的、不可剥夺的发展权。其中发展包括了经济、社会和自然环境等多种因素的共同发展。

2. 强调持续性，即经济发展的持续性

经济增长需要最大限度地增加经济效益，同时保障自然资源及其提供的服务质量。而可持续发展要求人类对生态环境的利用，需要限制在生态环境的承载能力之内，即发展的规模和速度要有一定的限制。改变传统发展中的不良做法，确保地球资源的开发和利用能够永续，为子孙后代留下更广阔的发展空间。

3. 强调公平

可持续发展要满足当代所有人的基本需求，使所有人都有机会满足对美好生活的向往。为赋予世界公平分配和发展权，可持续发展应将消除贫困作为特殊问题进行考量。

4. 强调共性

可持续发展的共性源于人类生活在同一个地球上，人类共同的根本利益取决于地球是否完整，以及人类的相互依赖性。地球上的人，无论是来自不同的国家，还是不同的阶层，都生活在同一个大气圈、水圈、岩石圈、生物圈内，彼此之间相互影响。由此，必须采取全球联合行动。

二、可持续发展理论在旅游景区规划中的应用

(一) 作为旅游景区总的规划理念

可持续发展思想和理论对旅游业来说尤为相关。一方面，旅游业是环境资源产业中的一种，能够作为可持续发展关于环境与发展命题的例证；另一方面，针对旅游业属于社会事业还是经济产业的争论，充分地显示了旅游在可持续发展中的意义和作用。所以，可持续发展的理论和思想成为旅游规划的核心指导思想是必然趋势。可持续发展的思想和理论颠覆了传统的旅游规划思想和理论，并且为传统旅游规划的困惑指明了正确的出路。旅游规划不仅需要传统的产业思

想和景观美学思想，更需要新的环境保护思想、文化完整性思想，以及代与代之间、旅游者与接待区之间、旅游企业、政府与非营利组织之间的平等思想。总的来说，旅游的可持续发展要求旅游规划先将可持续发展理念作为总的指导思想。

(二) 对旅游景区具体规划的指导

根据旅游可持续发展的内涵可知，旅游可持续发展需要实现旅游经济可持续、生态环境可持续、社会文化可持续三个目标的协调和平衡。这就要求旅游规划要保障旅游业的积极影响最大化，而负面影响最小化。因此，旅游规划的目标一是提高旅游者的满意度，以保持旅游市场的持续增长；二是促进旅游收入的增长，从而吸引和加强旅游投资，保障旅游供给，保持旅游供需动态平衡。三是保护旅游资源，保持旅游资源的可持续利用（包括自然资源和文化资源）；四是要强化旅游社区与区域的联系，保持接待区与旅游者的社会协调。

(三) 旅游景区规划中应用可持续发展理论的具体方法

可持续旅游业发展的多样化目标要求旅游规划方法要更加全面和系统，要对旅游功能系统结构要素以及其所依赖的社会、经济和环境系统进行整合。因此，还要用到环境和可持续发展的思想、环境容量和社会经济容量的方法、社区参与的方法。与传统旅游规划相比，旅游可持续发展需要根据市场信息和反馈的变化、环境和社会文化的变化进行调整，因而后者更具全面性和灵活性。从本质上来说，旅游可持续发展规划是一个连续的动态过程，不仅需要不同空间尺度的连续性，还需要短期、中期和长期等不同时间尺度的连续性。

总的来说，可持续旅游发展理念作为一种先进的旅游发展理念，在规划思路、规划目标、规划方法等各个方面和各个环节，都对传统的旅游发展规划提出了系统性的挑战和要求。这不仅是一门学科，更是世界性的，因为各国文化、历史和社会经济发展水平存在较大差别，旅游可持续发展的具体目标、政策措施和实施步骤不可能是唯一的，但可持续发展作为全球发展的总目标，它所体现的公平性和持续性精神则是共同遵从的，并且实现这一总目标要采取全球共同的联合行动，既尊重所有各方的特色与利益，又要在保护全球环境与发展体系方面采取国际统一行动，进一步发展共同的认识和共同的责任感，它更接近于把地球作为一个整体来对待，体现的是全人类的共同利益和发展需求。从根本上说，贯彻可持续发展就是要促进人类之间及人类与自然之间的和谐。如果各国的旅游业都能按"共同性原则"发展，那么，人类的旅游事业能在人与自然之间保持互惠共生的关系，从而实现旅游的可持续发展。因此，我国旅游规划应该积极响应。

第二节　旅游对景区的影响

一、对景区与周边社区的经济影响

(一) 旅游的经济效应

1. 旅游资源开发的正面经济效应

（1）促进旅游的经济发展。从旅游景区的角度来看，发展旅游业的主要目的是获得收入，从而促进当地的经济发展。由于旅游业涉及众多直接和间接产业，因此，旅游业对当地经济具有带动和促进发展的作用，这也是其他产业难以实现的。旅游业还可以推动投资，扩大当地经济规模。旅游业还能促进扶贫工作的顺利开展。经济落后的地区，往往自然环境和传统文化保存较好，同时，这些地区也是生态脆弱地区，当地的资源很难直接用于经济领域，其经济发展自然而然就受到了限制，在这种情况下，旅游业成了不二选择。这也是部分开发的旅游景区带有扶贫性质的原因所在。

（2）提供劳动就业机会。旅游业属于劳动密集型产业，开发景区需要完善各类配套设施，这些设施需要大量的人员来维持其正常运作，从而为社会创造了大量就业机会。世界旅游组织秘书长弗朗西斯·弗朗加利指出，旅游业在任何国家都是为数不多的能够创造大量就业机会的行业之一。发展旅游业可以吸纳社会中的剩余劳动力，从而减轻社会的就业压力。

（3）带动相关产业发展。促进旅游资源的成功开发，吸引国际旅游者可以使当地居民增加外汇收入，带动相关产业的发展，且这些产业的发展也能增加国家的税收。同时，旅游业的健康发展，可以推动旅游地经济结构的完善。

（4）平衡地区经济。很多旅游景区位于经济相对落后的内陆、边远地区和交通不畅地区，而出游能力强的主要客源又多来自经济较发达地区。旅游者从经济发达地区向经济欠发达地区的单向资金流动，可以缩短地区经济收入的差距。

2.旅游资源开发需要注意的事项

（1）警惕过分依赖旅游业。旅游业的发展受多种因素影响，且这些因素复杂多变，导致旅游业具有高度敏感性和脆弱性。如一旦出现重大传染病流行等情况，整个旅游业将会萧条、萎缩，甚至引发区域经济危机，最终导致经济崩溃。

（2）适度发展旅游。旅游业的蓬勃发展，会让一些人放弃原来的职业，进入旅游行业，因为旅游行业的收入高于其他行业。例如，放弃农业而大力发展旅游业，会降低农产品的生产能力，从而造成无法满足旅游业发展对农副产品日益增长的需求，进而造成农副产品价格上涨。这不仅改变了当地产业结构，还会对区域经济造成了较大的影响，进而可能引发当地居民的不满。

（3）控制旅游区物价和地价。当旅游业的规模扩大后，会促进食品、日用工业品、手工艺品和土特产的需求急剧增加，这些商品的利润自然也随之上涨，从而导致价格大幅上涨。此外，因为景区的开发，一些宾馆、饭店、旅游设施等的建设需要占用大量土地。虽然增加了土地所有者和建筑公司的收入，但提高了当地居民的消费开支，这很容易引起当地居民的不满。

(二) 旅游对景区与周边社区的经济效应的评价

1. 对景区经济效应的评价

评价景区的经济效应可以通过景区的旅游收入、营业利润率、投资回报率等指标来进行衡量。景区的旅游收入即景区在一定时期内向旅游者销售旅游产品或商品，以及其他的劳务所获得的货币收入总和。当旅游产品的生产经营成本机构没有变化时，旅游收入和旅游利润成正比。因此，旅游收入的涨幅程度决定了景区资金的积累和发展水平，旅游地的经济运行情况也能体现在旅游收入当中，同时，旅游收入也是衡量旅游经济活动及其经济效益的重要指标。

景区营业利润率即一定时期内，景区旅游企业的利润总额与营业收入之比。这项指标通常用于衡量景区的盈利能力。投资回报率是指在一定的时期内，旅游投资带来的利润额占投资总额的百分比，能反映单位投资所获得的利润。

2. 旅游对景区周边社区的经济效应的评价

旅游对景区周边社区的经济效应主要用居民旅游收入乘数、旅游就业乘数、政府旅游税收的增长来衡量。

居民旅游收入乘数指单位提高旅游投资，由此带来的该地区居民总收入增加额之间的比率关系。该乘数体现了景区开发给当地居民收入增加的影响。

居民就业乘数指单位旅游投资增加，形成的直接与间接的就业人数比率。该乘数体现景区通过一定的旅游收入，可以对当地的经济系统产生连锁反应，从而创造就业机会。

二、对景区及周边社区的环境影响

(一) 旅游的环境效应

1. 正面的环境效应

(1) 促进生物，尤其是珍稀濒危生物的保护。珍稀濒危生物目前主要分布在自然保护区和自然保护地，它们是自然环境遭受到人类的影响后，遗留下来的稀有"自然遗产"。过去，自然保护区和自然保护点注重对其资源的绝对保护。现在，在自然保护区开辟"旅游社区"，不仅能促进周边群众和旅游者提高生态环境保护意识，还能为自然保护区的珍稀濒危物种寻求到经济支撑，提高保护和管理力度，且可以帮助当地群众就业，实现脱贫致富。

（2）促进水体保护和水体污染的治理。一些旅游区的水体洁净，优于周边其他地区的水体环境，这是因为旅游业的发展可以对水体保护和水体污染治理起到一定的促进作用。

例如，1993年底，杭州启动了"保护绿色西湖行动"。不计其数的杭州市民自愿参与，他们统一标识、自备工具，开展污染源调查、环保宣传和沿湖清扫活动。西湖周围的十多家有污染的工厂也进行了搬迁，沿湖单位污水全部汇入环湖截流管线，开凿隧道引钱塘江水入西湖，促进西湖水体循环速度的提高，改善了西湖的水质。又例如昆明滇池，它具有很高的旅游开发价值，已经是国家级风景名胜区和国家级旅游度假区。然而，滇池水质受到严重污染，影响了滇池观光、度假等旅游功能。为此，昆明市在滇池湖畔建设了多座污水处理厂，彻底治理了大观河等多条入湖河流；将草海和外湖隔开，开通西园隧道，清理草海等；投入大量治理资金，来改善滇池的水质。

（3）推动大气环境保护和治理。洁净的大气环境也是吸引旅游者的优势之一，同时大气环境也体现出了旅游环境高质量水平，如果大气污染则会降低旅游者的感知体验质量。为此，各旅游区应竭力保护大气环境，治理大气污染。

例如黄山汤口的寨西村，在没有开发旅游之前，每年都会砍伐大量的树木，用来烧炭和做饭。这不仅造成了黄山森林和旅游资源的破坏，也污染了大气。后来开发了九龙溪、翡翠园、猴园景点，大幅度提高了当地经济，这让当地百姓意识到了环境保护的重要性，所有居民开始自觉改善燃料结构，转用液化气。

（4）促进地质地貌的保护。地质地貌不仅是自然环境的一部分，还是重要的旅游资源。为了使旅游业能够可持续发展，很多国家和地区都开展了一些地质和地貌的保护工作。例如，埃及、约旦等国对红海沿岸珊瑚礁进行了保护，我国张家界的砂岩峰林地貌，北戴河、昌黎的海滩、四川九寨沟的钙华景观等都得到了保护。

旅游开发，尤其是生态旅游开发，提高了人们对生态环境的认识。运用法律法规手段进行管理，既保护了生态环境及其组成要素，促使生态环境进入良性循环，又借助旅游开发，整治了生态环境，逐步提高了环境质量，促进了生态环境的保护与改善。

2. 需要避免的环境效应

旅游资源的开发在为环境带来积极影响的同时，也应该考虑到其开发可能会引发的问题，从而更好地促进旅游业的可持续发展。

（1）避免土壤因践踏而板结。旅游资源经过开发投入市场后，必然会吸引大量旅游者来旅游。但需要注意的是，大量的旅游者反复踩踏，可能会造成土壤板结，进而影响植被的生长。这是旅游景区开发前需要思考和解决的问题。

（2）避免垃圾与废水的倾倒引起水污染。水是人类生活的必需品，同样也是旅游业发展的重要因素。旅游资源的开发，必然会吸引一定量的旅游者，会加大对水的需求量，特别是淡水资源的需求。一些地区的淡水资源本就不是很丰富，旅游的开发可能会造成缺水的问题。同时，如果不及时处理旅游者留下的大量生活垃圾，而将其直接排入河流、湖泊、海洋，那么这些废弃物不仅会直接污染当地的水质，还会因进入水体的养分过多而破坏水体的生态平衡。

（3）避免植被遭受破坏。许多植被本身就是宝贵的旅游资源，在旅游资源的开发中，需要注意对这些植被进行相应的保护，以免其遭受得到破坏。

（4）避免干扰和捕猎动物。野生动物大多不会与人类近距离接触，而观赏、拍照是动物旅游资源最主要的旅游活动。人类旅游对动物的生活和生存环境会造成不同程度的影响。在动物旅游资源的开发中，需要注意对动物进行相应的保护，以避免其遭受到干扰和猎杀。

（5）保护大气环境。旅游活动的实现需要借助大量的交通运输工具。这些交通方式都会在一定程度上造成大气污染。饭店使用煤炭等燃料也会污染大气，这些都将反作用于旅游的发展，因此在旅游开发前应该将其纳入考虑范围。

（6）避免噪声污染。旅游开发吸引大量的旅游者来到旅游区，会人为地制造大量噪音，且各种交通工具的运行也不可避免地会产生噪声污染，这会引起当地居民的不满，因此，在发展旅游时，应该考虑噪声污染的解决对策。

（7）降低对旅游地居民生活环境的干扰。旅游资源开发带来大量旅游者的同时可能会造成旅游地的拥堵，缩减当地居民的居住空间环境，造成当地居民生活的不便。

（二）改善旅游对景区环境的影响

1. 改善旅游者的旅游活动

应考虑旅游者在旅游活动中，对景区环境产生的直接或间接影响，促进旅游者的文明旅游行为，控制旅游产生的不可避免的影响。此外，需要注意保护当地的风俗习惯，以免因旅游者过多造成其淡化。

2. 规范旅游经营者的经营活动

缓解旅游经营过程中交通、餐饮、住宿等造成的环境污染。规范旅游经营者的经营方式，避免造成严重的环境问题。假如景区经营者为增加旅游吸引力，从景区外引进动物，这样会改变景区的生态结构，其后果是难以预料的。

3. 促进旅游设施建设活动合理化

旅游开发不可避免地需要修建配套旅游设施，但需要注意，应尽量避免破坏景观和环境，需要合理、科学规划旅游设施建设。

4. 提高当地居民的配合度

当地居民对待旅游的态度，决定了他们如何对待景区资源环境。旅游景区应尽量与当地社会形成利益共同体，提高当地居民的配合度，从而增强对旅游景区环境的保护。

5. 完善旅游管理者的管理方式

旅游管理者通过制定、监督和实施相关标准、规划等，约束旅游投资者和经营者，以此间接影响景区的旅游环境。

三、对景区及周边社区的社会文化影响

(一) 旅游的社会文化效应

1. 旅游资源开发产生的正面社会文化效应

旅游资源的开发可以吸引国内外的旅游者来观光旅游，不仅强化了旅游地与世界各国和各地区的联系，还能推动当地的发展，增进相互了解。旅游活动属于综合性的社会文化活动，旅游者的行为方式、生活习惯、价值观等，能通过旅游，影响当地居民特别是青少年。这些作用可以提高旅游地居民的卫生条件、文化水平等。旅游的发展又有利于历史文物古迹的修复，挽救一些即将失传的语言、音乐、文字，让传统文化得以继续发展，兼顾社会发展和传统文化的保护。

旅游业的发展还可以唤起当地居民对自己民族传统文化的自豪感。旅游资源的开发会逐渐对旅游地产生社会文化效应，许多的效应仍有待研究和评价。

2. 旅游资源开发中需要注意的事项

旅游资源的开发可以促进当地的经济、文化繁荣与发展。与此同时，如果不对旅游中的一些事项加以防范和注意，将会给当地带来一定的不良影响，例如对社会文化和道德取向的影响、同化旅游地的民俗风情等。

旅游资源开发为当地的经济发展提供了极其便利的条件，当地的各类产业也会因此受到或多或少的影响，因此，相关部门应加大对各行业的规范，大力打击不法经营活动。同时需要防范因旅游地居民与旅游者之间的经济收入差距，可能会产生的一些犯罪活动，以保障当地社会秩序稳定，间接减少国家为打击犯罪、维持治安增加的经费预算，从而促进经济的发展。

旅游开发前，一些地区的少数民族群体很少与外界接触，他们的传统文化和民俗可以代代相传。因此，开发旅游需要考虑外来风俗、外来文化、不同意识形态和文化意识的入侵对当地民族文化和风土人情的影响。此外，还需要注意国外资金介入所产生的影响。

(二) 景区、旅游者与地方居民的关系演变

居民对旅游态度的变化，由居民从旅游中获得的收益与付出成本之间的对比变化决定。在景区开发初期，当地居民主要关注的是旅游带来的经济效益，所以，前期普遍持欢迎态度。到旅游较为成熟阶段，经济增长的拉动作用进入相对稳定状态，与此同时，因为旅游而产生的物价上涨、传统生活方式改变等影响在一定程度上得到累积，会使居民产生不满情绪。从欢迎到不满都有一个演变过程，每个阶段都有一定的特点。

第三节　旅游景区可持续发展调控

一、对经济影响的调控

(一) 尽量在保护的前提下扩大旅游规模

旅游规模的扩大意味着收入的增加。当收入增加，更多的人才能从中受益，这是一个必要条件。因此，旅游景区开发应始终坚持高投入、高产出、分阶段

滚动发展的原则,从而有效利用和保护资源。实践表明,小额投资往伴随着低水平、短期行为,而且以高强度的资源消耗和环境破坏为代价。在景区投资强度方面,相关部门可以通过旅游规划、项目审批等方式进行调控。

(二)尽量让当地居民参与旅游,从中受益

当地居民是旅游地的主人,他们对待旅游的态度直接影响着旅游的可持续发展。居民参与旅游的方式有很多,例如,以股份形式参与旅游投资、出售纪念品、进入景区就业等。景区还可以通过资助当地教育、改善基础设施等方式造福当地,从而获得当地居民的支持。

(三)尽量依靠当地供给,减少收入漏损

景区内的日常材料消耗,只要满足质量标准,应尽量从地方采购;景区从业人员,特别是技术要求不高的岗位,尽量就地招聘,招收后,可以开展培训;也可以鼓励当地居民参股。这些做法可以拉近景区与地方经济的联系,减少旅游收入外流,推动景区发展与地方经济发展的有机融合,从而获得当地居民的支持。

二、对环境影响的调控

(一)认识与利用旅游开发与环境保护规律

旅游业所依赖的旅游资源是有限的,对旅游资源采取"杀鸡取卵"的做法,不仅会对环境造成损耗,也不符合人类社会发展的总目标。旅游发展的根本目的是尊重和保护旅游资源和环境、改善环境质量、促进人与环境的和谐共生。这需要从旅游发展与环境保护的关系出发,探索其内在规律,针对日益恶化的生态环境,强化旅游发展与环境保护的整合研究;采取适当的措施,推动旅游业与自然、文化和环境的融合。

(二)做好旅游开发规划

防止旅游开发对环境产生不良影响的重要方法之一就是做好旅游发展规

划。科学的规划可合理优化资源配置，有效保护环境。所有景区的发展规划都需要进行资源和环境保护规划，景区的资源与环境保护规划主要体现在景区的定位、保护区划分、垃圾收集系统、噪声控制、旅游管理规划等方面。旅游景区开发要以规划为导向，各方共同努力，确保旅游发展与景区环境相协调。

在规划旅游景区时，需要考虑旅游资源的现状、特点和分布，旅游者的类别和需求特点，旅游区生物多样性的程度和保护条件，旅游区各方面的公平发展等。以不破坏生态旅游环境为基础，分析生态旅游区的重要性，划分功能区，兼顾动物栖息地、植被生长、旅游出行和居民生活的多种规划方案，充分发挥河流、湖泊、山脉等绿地和气候条件的优势，为旅游者营造优美的风景，为当地居民创造舒适、卫生的生活环境。

(三) 制定有利于旅游环境保护的政策

1. 经济政策

以旅游业在地方经济、社会发展中的定位为依据，坚持维护优美的山水田园风光和"原汁原味"的生态系统，从而实现旅游产业的可持续发展，对于一些破坏环境资源的产业，无论其经济效益如何，都不应批准投资；而对于农业生态系统初级部门、野生动植物园的开发部门，尽管其经济效益不高，但其对提高景观生态多样性有益，能增强地方特色，可长期吸引更多的生态旅游者，地方相关部门应重点对其进行扶持。

2. 环境政策

良好的旅游资源和环境是旅游开发的先决条件，它能促进区域的发展，思想环境的良性循环。在制定旅游规划时，应考虑景区开发可能造成环境的恶化、污染、破坏等潜在影响因素，对每个拟开发的项目进行环境影响评价，不符合标准的项目坚决取缔；而已经建成投入运营的项目，要按照国家和地方有关环保法规的规定征收环境税或排污费，正确引导和规范旅游项目投资开发的方向。

3. 技术政策

有必要建立技术指标来限制旅游发展对环境造成的不利影响。该技术指标可作为立项、旅游规划、审计和监督的依据和约束条件。技术标准包括国家相关技术标准和地方技术标准。同时，因为大众旅游发展的历史较短，实践的时间有限，而且景区环境承载力因自身条件和旅游者素质不同而差别较大，所以技术标准制定难度较大。可以借鉴学习其他行业或国外有参考价值的行业标准，例如，景区的水质标准可以用国家一级水质标准的指标来衡量。

4. 社会政策

景区的开发需要将当地居民的利益纳入考虑范围之内，促使景区的开发得到当地居民的支持，打破当地居民对景区物质资源传统的索取方式，将他们转变为资源和环境的合作者与积极保护者。旅游景区的开发应尽量不损害当地的社会文化价值和民族风俗习惯。

(四) 认真进行环境影响评价和环境审计

1. 环境影响评价与环境审计

(1) 环境影响评价。环境影响评价又称为环境评价（EIA），是对环境进行预防性管理的有效手段。环境影响评价是识别某些项目的实施对地球生物物理环境、人类健康与福祉可能产生的各种结果的方法，在实际中，将分析的结果传达给项目的相关人员或负责机构，可以影响决策的阶段。环境影响评价最初主要是指开发项目对自然环境的生物和物理要素的影响，但现在它的含义更广泛，即环境是一个由生物、社会、文化等要素组成的复杂有机系统。它是一个涉及行政部门、环保部门、公众参与决策的过程。

(2) 环境审计。环境审计的诞生是环境质量管理法治化背景下的必然结果，它也是现代审计制度中的重要组成部分。自20世纪70年代，西方国家的一些企业首次成功运用环境审计以来,许多国家的最高审计机关也在一定范围内试行了环境审计,这在国际审计界引起了广泛关注。1995年,最高审计机关国际组织在开罗召开第十五届大会,主要议题为环境审计,并作为第一主题纳入《开罗宣言》,成为世界各国各地区的关注焦点。

环境审计是审计监督体系的组成部分,也是环境管理的有效工具。它由审计主体依法对被审计单位的开发活动、政策和环境行为进行的、评价其是否符合既定的环境法规、制度、标准的审查活动。审计的内容主要为:国家环境政策和项目审计;评估国家和地方现有和拟议中的环境政策和项目对环境的影响等。

环境审计程序为:评价——明确被审计对象的实际情况;检验——对被审计对象的实际情况与预期值进行对比;确认——确认比较结果。

(3)环境影响评价与环境审计的关系。环境影响评价以科学预测为主,着重分析经济活动与环境变化的关系,评估项目的可行性,包括项目的内容、规模等,并提出切实可行的环境保护方案。环境审计侧重于评估项目运行中的实际环境绩效,预期值与实际值进行比较,从而判断项目是否成功。

2. 旅游开发活动的环境审计

(1)旅游环境审计的概念。旅游环境审计是审计机关或者审计人员对旅游开发单位(或者个人),依法开展的经济活动、生态保护等真实性的评价和检查。其性质符合环境审计的一般特征。

(2)旅游环境审计的内容,具体如下。

①旅游环境管理条例及其执行情况审计。

②对旅游规划、旅游保护规划方案及其实施情况的审计。

③对旅游产品的环境合法、合规性审计。

④对旅游建设实施情况的审计。

⑤对旅游开发中的环境负债审计。

⑥对旅游交易和旅游商品开发的环境负债审计。

⑦对旅游开发外部非经济性的审计。

⑧对旅游发展政策，遵守国际、国家和地区条约情况的审计。

(3) 旅游环境审计的具体目标包括五个层面。

①揭示旅游开发过程中出现的环境问题，明确责任。

②检查生态环境保护规划的执行情况、执行效果，存在的问题及其原因。

③科学估算旅游开发引起的环境污染、生态破坏、社会损失的经济价值，包括直接损失、间接损失、区内损失、域外损失。

④评价环境管理系统的健全性和实施效率。

⑤建立健全旅游业环境会计核算制度，增强企业领导者和员工的环境保护意识和环境危机感。

旅游环境审计的最终目标是实现区域旅游的可持续发展，确保环境效益、经济效益和社会效益的全面提升。近年来，新法律、新技术、新设备不断涌现，促使环境保护、管理和规划取得长足进步。随着公众对环境问题的关注度不断提高，对可持续发展战略的广泛支持，环境影响评价和环境审计也将为生态旅游的环境保护、规划和管理提供有效的手段。

(五) 实施生态管理

旅游管理者还肩负生态旅游资源和环境保护的引导及监督职责，生态旅游的发展要求对其进行生态环境教育，旅游管理者在接受生态环境教育后，会重视对生态旅游资源的普查和科学评价，并组织制定生态旅游发展纲要和规划，明确生态旅游发展的基本战略、目标，生态旅游发展的实施步骤和相应措施。建立旅游地协调管理与保护机制，积极向生态旅游企业和旅游者传递生态旅游环境保护信息。当旅游者具备较高的生态环境认识后，会组织研究、制定、接受一些保护环境的生态旅游标准。

(六) 对旅游者进行生态环境教育和管理

在旅游前对旅游者和潜在旅游者进行生态旅游环保意识教育，例如，开办自然学校教育青少年开展生态环境保护、提高环保意识，建设生态博物馆、开展生态导游等，使他们明白作为旅游者，尤其是生态旅游者需要履行的生态义务，从而促进生态文明建设。

可以对旅游者进行保护生态旅游环境的技术指导。具体来说，可以在旅游区建设具有环境保护教育意义的基础设施，例如，在生态环境景观旁边设置科学解说系统，提醒旅游者注意环境卫生的标志等。借助各种媒体对旅游者进行多渠道的环保意识教育，包括在门票、导游册中增加生态知识宣传和注意事项，在旅游产品中增加生态产品，运用一定的奖惩措施等。

为旅游者旅游活动的空间和时间进行划分引导。在空间划分上，可以充分利用道路、停车场、餐厅等设施布局，引导旅游者分流；还可以按照保护区要求，对景区进行保护区的划分，如将景区划分为核心区、缓冲区、外围区等。根据各层次的特征，在相关场所设置解说设备，将在很大程度上促进不同地区的分流、实现旅游者的生态化管理。

在时间分流引导方面，利用一定的开发手段、经济手段，例如，开发适合淡季的旅游项目，实行淡季和旺季的浮动旅游价格（包括交通费、门票、食宿费等）调整，对生态旅游区旅游者征收超常能源资源使用税和排污费，分散假期等。法律手段通常是强有力的管理手段。景区要按照现行法律法规进行管理，根据景区实际情况，对破坏生态旅游资源和环境，且违反有关法律法规的旅游者追究其法律责任。

此外，在旅游区设立定位、半定位观测站、点，对生态旅游环境进行跟踪观测研究，可以确定其生态旅游环境容量，关注生态环境变化，从而采取适当的对策和措施。

三、对社会文化影响的调控

(一) 进行科学合理的旅游规划，并将规划的实施进行到底

旅游规划是一套法定的规范程序，是对目的地或景区长期发展的综合平衡、战略指引与保护控制，使其实现有序发展的目标。旅游规划是为旅游的发展设计的一个框架，所以这个框架必须是长期的、稳定的、必要的。

制定旅游规划，应基于对当地旅游资源和文化的充分了解，以及群众的支持。将旅游开发的不良影响限制在合理的范围内。该计划需要提前设计一套机制来确保其实施。

(二) 进行地方文化的科学研究与抢救，使地方文化发扬光大

地方文化的一些内容由于年代久远，往往保存不全。应借助旅游开发对其进行挖掘、抢救，并研究在旅游开发条件下如何传承和发展地方文化。

现今，随着文化和旅游的深度融合，多地出现"文化+旅游"的发展模式，旅游业快速发展，让文化遗产有了更多的发展空间，也让更多旅游者了解了地方文化。文化在一定程度上就是一种旅游资源，而旅游产业的发展又促进了地方文化的传播、创新以及转化为生产力的能力。三者的协调与配合，能够进一步为地方经济带来活力，为地方文化带来生机。

(三) 以教育增强地方民众的民族文化自豪感，使旅游者尊重地方文化

在一些经济较为落后的地方，当地居民容易产生文化上的自卑感，直接把经济上的差距当成文化上的差距。事实上，经济差距并不一定意味着文化差距。需要让当地居民在自己的文化中体会到其珍贵性，增加他们对自身文化的自豪感。同时，也应该让旅游者明白，经济优势不等于文化优势，应该为这些地方文化的保存而心存感激，自觉珍惜它们。

第五章 低碳旅游的低碳管理

第一节 低碳旅游的必要性与可行性

一、低碳旅游的定义、特征和外延

(一) 低碳旅游的定义

2003年,英国政府在能源白皮书《我们未来的能源:创建低碳经济》中首次提出"低碳旅游"一词,认为它是低碳经济发展背景下产生的一种新型的旅游方式,为旅游业的可持续发展提供渠道,这一概念一经提出,便得到广泛认可。目前,人们关于低碳旅游经济的认识尚处于探索阶段,有关低碳产业的界定刚刚起步,将低碳运用到旅游产业,更处于摸索当中,学界关于低碳旅游的定义,尚未形成一致看法,作为一种全新的旅游方式和旅游理念,低碳旅游指在开展旅游活动过程中,通过低碳技术,清洁发展机制,绿色消费及节能减排等手段,降低碳排放量,从而实现旅游业的持续健康发展。

综上所述,所谓低碳旅游,实质上是低碳经济理念在旅游业中的实践方式,它是一种以旅游系统为研究对象,以旅游产品生产与消费低碳化作为重要发展内容的一种全新的、可持续的旅游发展模式。

(二) 低碳旅游的特征

从本质上看,低碳旅游是在全球气候变化环境下,在旅游业发展低碳经济的回应，是低碳理念在旅游产业中的落实，这从低碳旅游产品、低碳旅游服务和低碳旅游消费等方面能看出来。作为旅游业实现可持续发展的必经之路，低碳旅游涉及价值观、生产方式和生活方式的各个方面，这要求旅游者需要与其他参与者一同努力，在旅游活动过程中，将二氧化碳排放量降至最低。从特征来看，低碳旅游具体包括以下内容。

1. 低碳性与经济性

低碳旅游以低碳为基本特征，这是低碳旅游发展的前提，具体表现在两方面。

第一，耗能少。低碳旅游以低碳理念和低碳技术为依托，在旅游产品开发、旅游管理以及旅游消费各个环节，融入低碳理念，并充分运用。例如，旅游饭店的保温技术、低碳交通的节能技术等，来降低碳排放量。

第二，稀碳多。低碳旅游在要求旅游产品生产和消费环节减碳的同时，倡导构建碳补偿和碳抵消。碳补偿和碳抵消，指旅游者通过计算某次或某一时期内的旅游活动直接或间接制造的二氧化碳排放量，并计算抵消这些二氧化碳所需的经济成本，然后通过植树或参与其他环保项目，以增加碳汇的方式来抵消个人排放的二氧化碳。要注意的是，低碳旅游中的低碳概念是相对，即较低或更低的旅游碳排放量，要求单位旅游产出需要的能源消耗不断减少，其核心理念在于以尽可能少的碳排放来获取尽可能多的旅游发展效益，以实现旅游能源利用效率的提升。

低碳旅游的本质是可持续发展的旅游模式，低碳并非目的，而是手段，通过降低碳排放量来助力旅游经济的稳健发展。从技术、经济发展视角出发，低碳是一种挑战，也是一种机遇，这要求革新低碳技术创新和管理模式，以推动旅游经济的高效化和集约化。随着越来越多国家对全球气候变化问题的高度重视，低碳旅游产品必将成为旅游市场主流产品，对于旅游企业而言，必须抓住产品革新机遇，加大对低碳技术、旅游设备的使用，完善旅游基础设施以及提高旅游接待能力，进行低碳化改造，打造物美价廉的低碳旅游产品，提升旅游核心竞争能力，占领低碳旅游发展制高点。

2. 技术性与创新性

低碳旅游的技术性反映在对现代低碳技术的依赖，这是低碳旅游发展的根本动力。低碳旅游的可持续发展，要解决旅游能源利用效率和建构旅游清洁能源结构问题，这就需要注重低碳旅游的技术创新，通过打造一种温室气体排放尽可能低的旅游经济发展模式，为旅游经济活动注入活力。

低碳旅游的创新性反映在创新低碳旅游技术以及由此引发的低碳旅游产品创新和低碳旅游消费理念创新。低碳技术创新直接推动了低碳旅游经济发展，同时又刺激低碳旅游产品革新，通过创新型低碳技术设计多元低碳旅游产品。低碳旅游强调旅游消费理念的革新，要求抵制无节制的旅游消费方式，构建一种集约化、绿色旅游消费模式。

总之，低碳旅游是对传统旅游模式的根本转变，将粗放式旅游发展模式转变为规模化、集约化经营，由单一经营转变为综合性、复合型经营，以产业改造为目标，通过政府引导市场运作方式，采用电动车、自行车等低碳或无碳交通方式，丰富旅游活动内容与形式，给旅游者带来全新的绿色体验。

3. 普遍性和实践性

低碳旅游普遍性指低碳旅游活动普遍存在于各旅游形态中，涉及旅游发展环境各环节，这使低碳旅游具有可操作性。从低碳旅游实现路径来说，第一，减少能源使用，改变交通运输方式，增加公共交通工具使用率，铁路和长途汽车取代小汽车和飞机等。完善管理方法，如商务旅游采取视频会议方式；第二，提高能源使用效率，创新低碳技术降低能源消耗，以较低的能源输入完成同样的操作；第三，增加可再生能源和碳中性能源使用，比如风能、太阳能、水力发电等；第四，由于二氧化碳能够储存在有机物蓄水层或海洋，以及下沉的地质当中，可以通过植树造林来减少温室气体的排放。上述手段可以在旅游、交通运输、旅游酒店住宿以及旅游产品的生产等各个环节运用到，由此可见，低碳旅游具有较强的实践性。

作为一种新型旅游发展模式，低碳旅游要求人们转变传统消费理念，通过生产多元旅游产品吸引消费者，具有良好的消费示范作用及关联产业带动能力，促使低碳消费市场的形成，有利于优化产业结构，引导社会公众形成一种绿色健康的消费方式和消费理念。

(三) 低碳旅游的外延

与低碳旅游相似，可持续旅游、生态旅游、绿色旅游都以环境保护为目的，以可持续发展为终极目标。

可持续旅游注重旅游发展环境持续性、旅游发展机会公平性与旅游发展效益福利性。其包括以下目标：一是增强人们对旅游所带来的环境影响与经济影响的理解，提高人们的生态意识水平；二是促进旅游业的公平发展；三是改善旅游接待地居民的生活质量；四是向旅游者提供更高质量的旅游经历；五是保护旅游开发赖以存在的环境质量。

20世纪中叶以来，旅游业的迅速发展，传统旅游发展模式逐渐无法适应新的经济和环境形势，并带来一系列的环境经济与社会问题，在这样的背景下，可持续发展理念应运而生，它强调在保持和增强未来发展机会的同时满足旅游者与旅游接待地居民需要，使人们在保护文化完整性、生物多样性、基本的生态过程和生命维持系统的过程中，实现旅游经济、社会效益和审美需求的协调发展。

生态旅游是一个不断发展的概念，内涵处于不断地丰富和完善当中，关于生态旅游的概念，经过长期的学术探讨，也有不少共识，都认为生态旅游以生态效益为前提，以经济效益为依据，以社会效益为目标，追求生态、经济、社会效益的协调统一，致力于旅游业的持续健康发展。作为一种可持续旅游发展模式，生态旅游是生态与旅游的结合，要求以生态学思想来指导包括旅游者、旅游目的地及旅游业在内的大旅游系统发展。

绿色旅游指旅游系统在运行过程中依据减量投入、重复利用与再循环的原则使用、利用资源与环境，实现资源利用的高效低耗，采用对环境损害最小化的经济发展模式，环保和可持续发展理念是绿色旅游的核心，要求旅游者、旅游服务商以及管理者等全体旅游系统参与者在旅游活动过程中，尊重自然，保护环境，高效开发和利用旅游资源。从功能来看，绿色旅游具有观光、度假、休养等多元作用，同时具备科学考察、科普教育、探险等丰富功能。从旅游者角度来看，绿色旅游不仅让他们获得了享受和娱乐，还提供了他们亲近自然的机会，拉近了人与自然的距离，让旅游者在健康、绿色的环境中欣赏美景、学习与探究自然，实现与自然社会的和谐相处。

综前所述，低碳旅游侧重从实际出发，旨在降低旅游过程中的碳排放量，与其他旅游形式相比，目标更加明确，可行性和可操作性更强，能够将抽象概念转化为具体实际操作。事实上，低碳旅游与生态旅游、可持续旅游、绿色旅游存在交叉重叠的部分，是生态旅游内涵的扩展和丰富。

相同点在于，第一，都有教育性和学习性成分，要求旅游者在旅游活动的过程中学习并实践生态旅游和低碳旅游；第二，目标一致，都追求旅游业的可持续发展。

不同点在于，第一，生态旅游的吸引物主要是自然环境或以一些自然环境因素为基础的自然景观为主，而低碳旅游在吸引物方面则无明确限定；第二，生态旅游强调"生态"，要求以最少的人为因素来保障旅游业的可持续发展；而低碳旅游注重"降碳"，通过低碳行为、低碳消费和低碳技术等方式实现"低碳排放""零碳排放"。

从本质上来看，前述几种旅游形式最终目的都在于减少旅游活动对环境造成的破坏，追求旅游和环境之间的和谐发展，在内涵层面具有一致性（图5-1）。

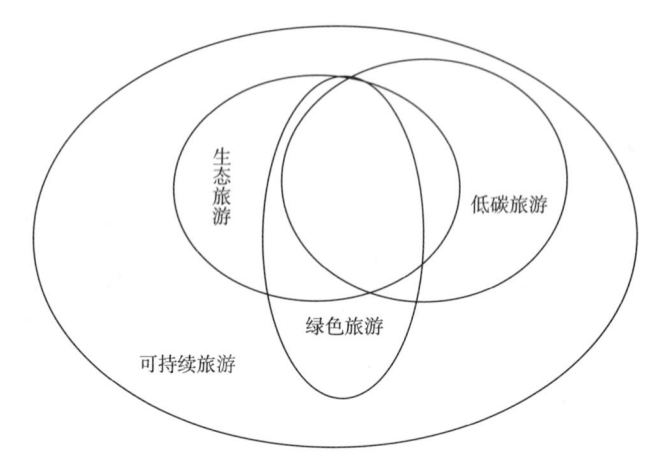

图5-1 可持续旅游、生态旅游、绿色旅游、低碳旅游之间的关系

二、低碳旅游实施的原则与路径

(一) 低碳旅游实施的原则

1. 低碳原则

为实现低碳排放，必须将低碳原则贯穿低碳旅游全过程，这是低碳旅游与其他旅游形式的根本区别，具体表现在减碳、固碳和消碳等方面。

2. 重视旅游质量原则

低碳旅游不仅要求尽可能降低碳排放量，还要保证旅游产品与服务的质量，实现减碳不减吸引力。在开展旅游活动过程中，想要更好地满足旅游者的个性化需求，必须注重旅游质量。

3. 全面发展原则

旅游业应当贯彻落实"要金山银山，更要绿水青山"的全面发展理念，不能走牺牲环境、换取经济的老路，而应当强调文化敏感性，从当地实际出发，追求经济、生态、社会的协调发展，走可持续发展道路。

(二) 低碳旅游实施的路径

1. 建设低碳旅游目的地

在发展低碳旅游过程中，要求打破单一旅游部门范畴，构建良好的部门合作机制。在这方面，旅游目的地具有天然的优势，其包含旅游发展各部门。低碳旅游目的地建设包括低碳旅游吸引物、低碳旅游设施、碳汇旅游体验环境以及低碳旅游管理等。

2. 营销低碳旅游产品

销售低碳旅游产品，间接降低了碳排放量，缓解了全球变暖问题，尽管旅游业以需求导向为主，但旅游企业在这一过程中依然扮演重要角色。从某种意义上来讲，旅游经营者能通过生产有吸引力的低碳产品来满足旅游者多样化需求，进而刺激旅游者对低碳旅游产品的购买。低碳旅游产品，包括交通出行方式的转变，例如以火车代替短途的空中运输、空中旅行，租用节能汽车围绕目的地进行环线旅行。还能够采取增加停留时间，以减少旅游者每天的碳排放。具体来说，可以采取以下手段。

(1) 交通方面，与较为环保的航空公司合作，减少碳排放；使用更小型、环保的汽车；发展基于火车、长途汽车运输或其他低碳产品的旅游方式。

(2) 酒店方面，与经过绿色认证或生态认证的酒店合作。

(3) 旅游目的地的选择方面，为目的地提供相应的碳标记。

3. 倡导低碳旅游消费方式

(1) 低碳的交通方式：以短途旅游代替远途度假；多选择节能、环保和直航的航线；长途航班的旅游者要考虑携带的行李。短程旅游者可以选择更节能的陆运交到达目的地后，尽可能选择碳排放少的交通方式。

（2）低碳的住宿餐饮方式：在选择旅游住宿餐饮服务时，尽量选择带有"绿色标签"的旅游宾馆、酒店，餐饮食物，优先考虑各种绿色食品、生态食品，减少使用一次性餐具。

（3）选择低碳旅游活动：在旅游目的地或旅游活动选择中，优先选择体育运动、康体等低碳排放的旅游体验活动。

三、生态文明与低碳经济的关系

生态文明，是我国应对生态危机，延续人类社会生存发展所提出的具有中国特色的文明形态，低碳经济是应对全球气候变暖问题提出的新型经济发展模式，二者在产生背景、发展目标以及实践路径方面存在共通性。它们又在本质特征、利益导向以及问题应对等方面存在差异性。

二者相同点在于：第一，产生背景相似，低碳经济是针对全球气候变暖问题提出的一种全新的经济发展模式，旨在解决当前社会所存在一系列生态危机，生态文明的提出背景是以高污染、高能耗、高排放为代价的工业文明已然威胁到整个自然生态系统的生存与发展。第二，发展的目标相同，二者的最终目标都是保护生态环境、维护生态和谐，以绿色协调发展理念为指导，追求人与自然的和谐共生，致力于社会经济的可持续发展。第三，实践路径相一致，低碳经济通过技术革新降低温室气体排放，减缓气候变暖效应，生态文明则以"美丽中国"建设为主，二者的实践路径一致，强调经济发展与生态环境保护的双赢。

二者的差异性在于：第一，本质特征不同，从本质特征来看，生态文明强调人类社会与生态环境之间的动态平衡与协调统一，低碳经济则以低能耗、低污染、低排放为基本特征。第二，利益导向不同，生态文明以人类生存发展为核心点，追求人与自然的和谐共生，低碳经济作为新型经济发展模式，以利益增长为导向，谋求经济发展与生态良好。第三，问题应对不同，低碳经济是生态文明建设的重要组成部分，是实现手段，在生态文明理论指导下，通过革新相关技术手段，重点解决全球变暖问题与能源危机。作为人类历史发展到一定阶段的产物，生态文明与低碳经济是相辅相成，和谐共生的关系，生态文明为低碳经济发展提供保障，低碳经济作为实现生态文明的重要手段，为生态发展指明方向，二者的最终归宿都是强调人与自然的和谐共生。

综前所述，倡导和发展低碳经济，加强低碳经济保障体系的构建是社会经济可持续发展的必由之路。现阶段，新发展理念以及可持续发展战略，以及国内外现实状况，为发展低碳经济的必要性和可行性奠定基础。

四、发展低碳经济的必要性

经过40余年的改革开放，我国社会经济得到长足发展，人们物质生活和精神生活水平得到极大提高，与此同时，我国生态形势不容忽视。究其原因，与高能耗、高污染、粗放式传统经济增长模式有关，而低碳经济的提出为我国开辟低能耗、低污染、低排放、高效益的创新发展道路提供了选择，增强了我国综合国力和国际竞争力，为生态文明建设插上飞翔的翅膀。

（一）是社会主义生态文明建设的重要组成部分

随着改革开放的不断深入，我国的经济、文化、社会等方面获得了长足的发展，但这种发展大多以生态破坏和环境污染为代价。现阶段，我国正面临严峻的生态环境破坏，引发了一系列的经济社会问题，制约着社会的进一步发展。中华人民共和国成立以后，我国高度重视自然环境的保护，从初期提出的环保方针，到如今的将生态文明建设作为总布局的重要组成部分，体现出我国谋求长远发展的决心。低碳经济作为一种集约化新型经济发展模式，其内容与生态文明建设内容存在共通之处，进入新时代以后，我国加快了低碳经济相关法律的制定，注重低碳经济法律保障体系的完善，这为构建社会主义精神生态文明建设，打造美丽中国奠定法律基础。

(二) 促进社会主义现代化建设的必然要求

随着我国社会主义建设进入新时代，我国提出统筹推进经济、政治、文化、社会、生态文明"五位一体"总布局，我国人口众多，幅员辽阔，社会经济快速发展，始终受到资源短缺和环境污染的束缚，想要实现社会主义现代化建设，必须转变传统的高能耗、高污染、低效率为特征的粗放式经济发展模式，采取低污染、低能耗、资源利用率高的新型经济发展模式，发展低碳经济，加快推进低碳经济法律保障体系建设，为社会主义现代化建设提供制度保障。

(三) 实现可持续发展的必由之路

可持续发展理念强调物质财富与人类社会进步的协调统一，我国经过40余年的改革开放，社会经济实现了腾飞，但同样存在不少问题：传统能源消耗严重，生产方式和消费方式不合理，环境污染严重等，问题的根源在于传统经济增长模式。

如今，我国处于改革攻坚时期，面临更加复杂的问题和更艰难的环境，为走出困境，必须转变粗放式经济模式，构建污染低、消耗低、利用率高的新型经济发展模式。因此，必须坚持低碳发展道路，因为其理念要求和价值取向与可持续发展内在要求相一致。

由此可见，为了加快社会主义生态文明建设，实现社会主义现代化，我国必须坚持低碳经济发展道路，完善相应的法律保障体系，从立法、执法、司法、守法等多个方面调控低碳经济发展，以实现社会经济的可持续发展。

五、我国发展低碳经济的可行性

从我国经济发展现状来看，构建低碳经济法律保障体系具有一定的支撑，具体表现如下。

(一) 低碳经济发展得到相关政策支持

进入 21 世纪，我国高度重视低碳经济发展，在面对全球气候变化与人文危机的大环境下，我国政府陆续推出一系列蕴含低碳经济理念的政策方针，以更好地满足新时期社会主义现代化建设需要。

1992 年，《中国环境与发展十大对策》出台，强调政府需要强化管理职能，采取经济方法并结合法律手段，整治工业污染与城市环境，以助力经济的持久发展。不久，我国对经济体制增长模式进行了根本性变革，从源头上进行把控，将逐渐将落后的、粗放式经济增长模式转变为集约型经济增长模式，以保护生态环境。进入 21 世纪，我国在 APEC 组织会议上提出低碳经济的进一步推广、碳汇的增添、低碳能源范畴相关技术研究以及二氧化碳接收技术自主创新这四大方案，强调加强二氧化碳排放管理力度，坚持资源节约利用与生态和谐发展。出台的《中国应对气候变化政策与行动》表明我国在处理全球气候问题上的决心和坚定立场，我国明确在联合国气候变化议会上落实"巴厘路线图"的态度，在敦促哥本哈根会议内容的落实上做出重要贡献。与此同时，我国将进一步强化提能促效工作，提高可再生能源开发利用，发展绿色经济，打造资源节约型和环境友好型社会，实现改革的深入发展。随着生态文明建设成为我国现代化建设重要组成部分，并出台了一系列相关法律政策，《中共中央、国务院关于加快推进生态文明建设的意见》强调坚持以生产发展绿色化、循环化、低碳化作为促进生态文明建设进一步成长的基本途径，正朝着我国大力创建生态文明，推动社会向绿色可循环的方向转变。《关于禁止洋垃圾入境推进固体废物进口管理制度改革实施方案》的颁布，明确要求国外的垃圾废物未经审核许可不得进入中国境内，有效减轻了国内环境治理的负担，随着生态文明体制改革的深入，我国提出打造美丽中国的宏伟蓝图。

从国际方面来看，我国始终以积极参与，主动引导的姿态，在发展和推行低碳经济中扮演重要角色，对推动国际生态文明发展作出重要贡献。由此可见，低碳经济法律保障在我国萌芽已久。

(二) 低碳经济已经具有相关立法基础

低碳经济的诞生背景源于全球气候变暖，正威胁着人类社会的生存和发展。基于此，联合国签署制定了有关国际公约，确定了温室气体排放减排法律依据，出台了一系列具有法律效力的国际文件，让低碳经济在诞生之时便具备国际法约束。无论是联合国气候框架条约还是巴黎协定，都属于应对全球气候变暖制定的国际法律文件。另外，世界各国各地区结合自身生存与发展利益，参与到有关国际条约制定当中，履行相应的国际减排义务，并结合自身国情制定温室气体排放目标，打造配套国内机制，包括制定相关的政策与法律法规，来推行与发展低碳经济。

与政策扶持相比，低碳经济法律，更具有强制力和保障性，像英、美等发达国家，基本上确立了以低碳经济基本法为统领，其他辅助性法规为枝干的立法体系，具体法律制度在低碳经济实践中得以修订和完善，一般来说，法律制度涉及领域甚广，从立法囊括范围来看，不仅包括能源效率，能源安全，能源保障等法律制度，还涉及人类社会生产、生活向低碳化转变的有关立法，从立法涉及范围看，有碳排放、碳交易、碳捕获与封存、碳监测等方面的直接立法，也有税收、金融、消费、市场等领域内与低碳经济相关的间接立法；从立法内容来看，涵盖了生产、交通、建筑、能源、消费等社会生产生活方方面面。纵观发达国家低碳经济发展历程，都是在国际公约约束机制下，以国内法律作为保障来实现的，这为我国从多层次、多维度、多领域提供了立法范本。

除了国际社会为低碳经济运行提供了一定立法经验，我国国内同样具备一定低碳经济立法基础，一方面，我国签署了有关国际公约，且以负责任的大国形象，履行温室气体排放目标，像我国积极参与和落实的《联合国气候变化框架公约》和《巴黎协定》足以表明我国对全球气候问题的重视和坚定立场，在"京都议定书"当中，我国以主动参与、积极引领的姿态，调控二氧化碳、二氧化硫等污染物的排放，这种积极应对全球气候变暖的举措，是我国作为一个负责任大国的应有之义，主动承担国际社会规定的共同而有区别责任的表现，我国在不同场合会议作出的节能减排承诺并制定一系列有关低碳经济法律法规，在相关国际公约机制约束下，我国低碳经济立法助力低碳经济的长期长展，像我国现行的《清洁生产促进法》《中华人民共和国电力法》《可再生能源法》《循环经济促进法》《中华人民共和国煤炭法》《核安全法》《中华人民共和国建筑法》《节约能源法》《土壤污染防治法（草案）》等与低碳经济密切相关的立法，为我国低碳经济法律保障体系的建设创造了充分的条件。

第二节 我国旅游业低碳化发展的困境

一、低碳对发展我国旅游的实践意义

在全球变暖大背景下，加上一系列能源危机，为走出当前困境，发展低碳旅游，实施节能减排是有必要的，这在维护生物多样性、增强人类社会可持续发展能力等方面具有重要的意义，除此之外，还有助于推动旅游业的转型升级，降低旅游业能源消耗与经营成本，培育新的经济增长点，创造更多的效益。旅游业规模化、集团化发展，从宏观视角出发，结合不同行业有关低碳发展路径的研究成果和实践经验，立足于当地旅游业发展现状，充分利用自身资源优势，制定一套科学有效的旅游业低碳发展策略，以此带动地区旅游业低碳技术、低碳能源结构、低碳旅游产品的发展，拉动地区的政府低碳指导、企业低碳管理

与经营、个人低碳生活方式的发展，最终助力我国旅游业可持续发展。

二、我国旅游业低碳化发展面临的问题

（一）旅游业能源消耗与二氧化碳排放量较大

从我国旅游业的建设和经营现状来看，一部分旅游企业过分强调短期效益，忽视自然资源与生态环境的承受能力，久而久之，生态破坏、环境污染等一系列问题爆发，纵观我国数以万计的旅游饭店，其中的节能建筑仅占相当少的比重，部分旅游酒店的餐饮污水和洗浴用水排放量大，且没有按规定处理，给环境造成巨大负荷，个别地区兴建旅游设施，乱砍滥伐，甚至不顾实际情况盲目发展"低碳旅游"，流于形式，这对当地特色旅游资源和环境的损耗是不可估量的，间接带来的价值损失无法想象，究其原因，旅游企业在低碳减排开发建设中的积极性不强，并且没有根据低碳旅游有关宗旨进行规范、管理。

为满足社会经济发展的需要，各种新型旅游模式被开发出来，诸餐饮业、住宿业、娱乐业、农业、轻工业、文物、通信、零售业等不断涌入旅游市场，但这些行业在生产经营过程中，为追求利益最大化，会过度使用非环保产品。典型的是宾馆、酒店使用的一次性牙膏、一次性牙刷、一次性筷子、一次性拖鞋等日用品，质量差，使用率低，浪费严重，这些非环保产品无论是生产环节还是使用环节都会造成环境污染，垃圾废渣、废物大量增多，影响大气质量，降低人们生活水平。另外，这些一次性产品在生产中消耗的直接和间接物料进入环境形成的污染远大于其本身使用后的污染量，此外，在零售业中，部分厂商为博取顾客眼球，在土特产、纪念品的包装上使用难降解材料，不仅造成了资源的浪费，而且给环境带来不小的压力。

（二）旅游经济与能源碳排放脱钩关系不理想

从总体上看，我国经济增长与碳排放之间关系不甚理想，基本处于一个弱

脱钩状态，第二、第三产业脱钩趋势明显，尤其是水、煤气和电力业，建筑业，交通运输仓储业等行业都呈现不同程度的脱钩趋势，弱脱钩阶段居多，批发零售业和采掘业脱钩指标，规律性不强，不呈现脱钩趋势，从碳排放和实际产出两方面来看，整体上我国实际产出的增长速度大于碳排放增长速度，产业结构与碳排放结构不平衡，第二产业的碳排放强度和总量最大，采掘业尤其是有色金属采矿业依然沿用传统的粗放式经济增长模式，资源利用效率不高，环境污染严重，重化工业碳排放比重较大，电力生产行业脱钩比较明显，发展清洁能源减排空间巨大，建筑业排放量较小，第三产业的二次能源消耗越来越大，减排难度小，第一产业的碳排放较少，脱钩不明显。与此同时，我国采取刺激消费政策，居民消费总量逐年增长，呈现高碳化特征，这势必给减排带来较大压力，加上我国重化工业技术水平不高，能源利用率较低，这是我国碳排放强度和总量较高一个重要原因。

(三) 社会低碳意识薄弱

低碳旅游发展，很大程度上受到社会公众的低碳旅游消费意识的影响，经过四十余年的改革开放，我国经济有了长足的进步，但从整体上看仍处"发展中"状态，多数居民收入水平和消费水平有待提高，旅游对于不少人而言是一种"奢侈"，属于高档消费，在他们看来，只要花钱了就应当获得个人享受，自身的旅游消费需求需要被满足，节能、环保意识相对淡薄，在这样的消费理念下，旅游者在消费过程中不可避免地存在过度消耗旅游资源与污染环境的行为，此外，不少居民对低碳旅游方式尚不了解，缺乏较强的低碳旅游消费意识，一方面，反映出低碳旅游消费方式的宣传力度不到位，另一方面给低碳旅游消费方式的推广带来挑战，总之，由于我国不少旅游者缺乏足够的低碳、环保意识，这势必会阻碍低碳旅游的进一步发展。

我国人口众多，近年来旅游业呈现高速发展趋势，然而，由于缺少系统规划和管理，国民生态环保意识不强，低碳旅游消费理念尚未得到广泛认可，这显然限制了低碳旅游模式的推广，在旅游旺季，诸如沙滩、山林、历史古迹等景区垃圾堆积如山，在处理这些废弃物时，需要消耗大量人力物力财力，并产生碳排放，究其原因，旅游管理部门、旅游企业以及政府部门对低碳旅游的宣传力度不足，推广活动多停留在口号上。从旅游者在旅游活动中的行为表现看，真正践行低碳节能的旅游者仅占少部分；从交通工具选择来看，大多数人依然选择传统的符合自己习惯的方式，不愿意考虑低碳旅游方式。从住宿角度看，大部分人考虑的是自身的便利，从而倾向于使用酒店提供的一次性产品，在购物过程中，选择商家提供的不易降解的购物袋，这些不环保的消费方式给环境带来较大压力。

(四) 政策保障体系不完善

从现行政策保障机制来看，政府出台了一系列有关文件并在多个场合倡导低碳旅游，但尚未出台有关旅游发展的具体政策，在落实和执行环节的指导和支持力度不足。一般来说，一个行业的规范发展离不开有关的制度标准，同理，想要获得良性和规范发展，必须构建相应的低碳旅游标准，因此，低碳旅游不应该仅停留于人们的思想里和口头口号上，而是应当制定相应的制度，以此为低碳旅游发展提供动力，调动旅游企业和旅游者，践行低碳旅游模式的积极性，实现低碳旅游的可持续发展。

(五) 低碳管理与技术人才缺乏

近年来，我国旅游业发展迅速，然而，由于专业旅游人才的缺乏，阻碍了旅游业的进一步发展，旅游业作为一项综合类产业，却缺乏必要的人力资源，具体表现为，人力资源结构不合理，高端人才缺乏，中高级人才占比较少，尽管旅游从业人员数量多，但真正的专业顶尖人才少，高端人才增长比例与旅游业整体发展速度不相适应，另外，专业人员分布不均衡，不少旅游饭店高层管理者从事岗位与所学专业不符。这与我国旅游业迅速发展的趋势不符，复合型人才紧缺，人员流动过于频繁，旅游企业不仅需要大量操作性服务人员，还需要高素质复合型人才，尤其是具有较高理论水平和丰富实践经验的旅游人才。从当前人才流动现状来看，一方面，基层操作服务型员工流动频繁，另一方面，中高层管理和技术人才流动不正常，鲜有新鲜血液加入，旅游业发展活力和朝气不足。

第三节　发展低碳旅游的策略建议

一、低碳技术研发与应用

从企业内部角度来看，旅游企业应当贯彻落实《环境影响评价法》《节能减排法》等一系列法律法规，结合国家出台的有关节能减排的产业政策、财税政策、推广政策以及技术开发政策等，对生产技术、工业设备和产品进行更新升级，实施绿色管理，为社会提供更多的资源消耗少、环境污染少的绿色产品，根据《节能减排统计监测及考核实施方案和办法》建立旅游企业的节能减排统计、监测、考核体系，定期向社会公众发布环境公报和社会责任公报，敢于接受有关部门和社会公众的监督。

在节能减排方面，技术创新是关键，这是低碳旅游可持续发展的重要保障，是实现生态经济社会协调发展的有力武器，因此，旅游企业必须加强有关节能减排方面的技术创新工作，将重心放在旅游产品生产过程中，将重心放在资源能源线减少方面，从而尽可能减少污染物、废弃物的排放，加强废弃物再利用和再循环，积极研发高能效旅游交通工具，以低碳或零碳能源替取代高碳能源，例如，开发利用太阳能、水能、风能、生物能、地热能和海洋能等可再生能源，通过技术改造、升级实现低碳排放。

科技是第一生产力，在低碳旅游中，技术是首要条件，也是基础条件，想要减少旅游生产和消费过程中的碳排放，必须依赖技术进步和推广，因此，低碳旅游道路离不开节能减排技术的开发与应用，基于此，国家必须加大科研投入，加快科研成果转化为现实生产力的速度，同时，旅游企业应当加强与有关部门的合作，引入和吸收其他低碳行业使用到的先进技术，在这过程中，要注意结合自身实际情况，切记生搬硬套，旅游中的低碳技术一般可以运用到以下方面：旅游产品的生产流程、低碳循环型旅游景区建设、旅游交通工具中新型能源的使用等；另外森林碳汇方面，应该更加注重森林培育技术、碳汇认证技术等。

二、低碳发展政策体系构建

从政府的角度来看，必须制定科学低碳旅游战略，出台相关的政策法规，来约束企业和消费者，以带动旅游业的低碳发展，比如推行碳税制度，作为一种污染税，碳税是根据化石燃料燃烧后排放的碳量，针对化石燃料的生产、分配和使用来征收税费，因此，政府部门需要为每吨碳排放量确定一个标准价格，在此基础上换算出对石油、电力或天然气的税费，在执行过程中，需要因企业而异，对于高能耗、高污染、高排放的旅游企业，按照其开发过程中对资源的利用程度和对环境的破坏程度、污染程度等征收碳税、污染产品税、排污税等环境资源税；对于利用低碳或零碳能源新技术的，利用太阳能、水能、风能、生物质能、海洋能等可再生能源的旅游企业给予一定程度的税收减免或补贴，实践表明，通过碳税制度扩大影响范围，加大调控力度，能有效调动旅游企业坚持低碳模式的积极性，助力其低碳经营理念，发挥政府科学指导作用，此外，政府主管部门需要完善行业准入标准，引入低碳旅游相关指标，对旅游景区、景点以及相关企业进行常规考核与管理。

制度好比房间的外壳，政策则是房间的内饰，一个有机整体必须是外壳和内饰的有机结合，总而言之，为了应对全球气候变暖问题，必须制定健全的市场政策，在完善有关低碳旅游机制的同时制定具有可操作性的政策，包括碳排放量认证政策、企业碳排放标准政策、奖罚政策等，此外，政府依托财政与货币政策手段，合理调控旅游投资的方向，朝着低碳旅游方向转变，直接或间接加大财政支持力度，给予低碳旅游优惠补贴，旅游企业采取节能减排技术，推出一系列激励性奖惩措施，来调动发展低碳旅游的积极性和主动性。

科学合理的制度建设能起到保驾护航的作用，良好制度可以有效约束不合理行为方式，不科学的制度则会起到负面效果，低碳旅游领域同样如此，因此必须加强低碳旅游制度建设，为旅游活动的顺利开展，营造良好环境，低碳旅游制度建设一般包括认证制度、管理制度、监督制度、奖惩制度，旅游发展实践表明，良好的监督制度能够对旅游生产者与消费者起到有效的约束作用，进而使低碳旅游认证标准发挥应有的作用。

当政府制定科学制度以及政策后，接下来就是要采取有效措施对制度和政策进行宣传推广，让大众知晓，受众群体应当包括低碳旅游各方主体，这是开展后续工作的前提。通过加大宣传力度，引导生产者和旅游者树立低碳环保意识，让他们在意识和行为上，给予低碳旅游工作充分支持。

三、旅游业低碳化管理模式

作为旅游开发经营的主角，旅游企业是发展低碳旅游的主要建设者，为了实现自身的可持续发展，在生产经营过程中，贯彻落实低碳旅游理念是必要的，需要注重建构低碳旅游体系，通过对资源的合理配置，实现建设与运营的低消耗、低排放，转变以往追求奢华便捷的开发经营理念，实现思想上的转型，朝着低碳旅游发展方向前进。同时，借鉴国外在发展低碳旅游的优秀经验并结合自身发展实际，增强企业节能减排技术的开发和应用。例如，在登山方面，结合山峰的高度适当修建盘山公路，不必耗费巨资修建各种索道，一种环保的方式是修大部分山公路，剩余的小段距离则由旅游者自行攀登。

我国政府明确提出，要树立低生态、低碳旅游消费理念，低碳旅游的持续发展离不开良好的科学规划和布局，基于此，政府应当进一步明确低碳旅游在旅游业甚至经济社会发展中的战略地位、战略目标以及战略举措等内容，制定的发展规划应当与本国社会经济发展总体规划有关区域发展规划以及城乡发展规划相适应。总之，国家低碳旅游发展规划不仅要强调战略性，还要具有可操作性，确保定位明晰，目标明确，对于地方政府而言，可以结合自身实际，出台地区性低碳旅游发展规划，彰显区域特色，对宏观规划进行具体落实，从而实现协调统一，助力我国低碳事业的长久发展。要注意的是，低碳旅游的发展，最终目标在于促进国家社会经济的可持续发展，实现社会公共利益最大化，对此，公共营销方式是一种有效的手段，低碳旅游的公共营销，即将低碳旅游作为一个整体产品推向市场，以低碳旅游的整体形象和整体实力参与旅游市场竞争的过程，以促进低碳旅游的可持续发展，一般来说，低碳旅游公共营销内容包括，结合旅游者和经营者现实需求，营造良好低碳旅游环境，进行对外推销，确保低碳旅游宜游、宜业。作为一项旨在满足旅游者和经营者需求的一系列与旅游市场有关的活动的总和，低碳旅游的公共营销不仅是政府的公共职能，还包括旅游行业协会、社区、媒体等非营利性组织的营销活动，以及其他组织和社区居民为增强低碳旅游竞争力所做的，实施低碳旅游公共营销，兼顾了短期效益和长期效益，能够实现社会整体利益最大化，促进低碳旅游持续长久发展。

四、低碳管理与技术人才培养

无论在哪一行业，人才都是必不可少的，低碳旅游领域也不例外，在低碳旅游发展过程中，人才扮演重要的角色，其作用不言而喻，由于低碳旅游包含了低碳技术领域和旅游业两类，所需要的人才要求在这两方面都有所建树，既懂旅游又懂低碳，在不影响旅游本质的基础上，最大限度发挥低碳的作用，想要培养出这样的人才，我国必须对现行教育体制进行完善，对现有的旅游管理专业进行适当调整，增加有关低碳教育内容，将部分专业性工科理论，融入旅游学科当中。例如，适当增加生态学，气候学等基础性教学。

加强现有旅游从业人员在岗培训，整体上提高了整体从业人员专业素养，从政府角度看，需要进行充分调研，制订科学旅游人才培养计划，构建梯队人才培养机制，秉持先培训、后持证上岗，先培训、后就业，先培训、后晋级的原则，采用"送出去、请进来"的办法，分期分批选拔各类旅游人才到外地参观考察、现场学习、取经研讨，提高旅游人才的专业水平，聘请专家、教授开展旅游专项教育培训，优化人才结构，以提高旅游队伍素质，更好地满足旅游产业发展的要求和市场需求。

五、旅游者与社区居民低碳意识和行为培育

加大环境保护宣传力度，通过内容丰富、形式新颖的推广活动将低碳旅游理念深入人心，贯彻落实可持续发展战略思想，强化素质教育和公德教育，普及环保知识，进一步提高公众环境意识和旅游环保意识，树立防重于治思想，无论是山林、水体，还是风景名胜，在开发成为旅游区前，都需要就其环境保护制定详尽规划，采取有效措施，根据重要程度进行分级管理，分级保护。

低碳旅游工作，是一个系统化过程，低碳理念想要被大众所熟知和广泛接

受，需要一个积累的过程，我国尚处于低碳时代初级阶段，理应重视对低碳理念的宣传教育，通过构建完善的制度，采取相应的宣传手段，引导企业树立低碳生产理念，公民树立低碳消费理念。对此，在低碳旅游宣传中，应当明确各级政府和旅游行业主管部门主体责任，借助传统新闻媒体和新兴网络媒体进行宣传教育，从低碳旅游的优越性和高碳排放的危害性两方面进行宣传，让社会公众更深入了解低碳消费方式，在旅游活动各个环节中，例如旅游者参团、旅游交通、住宿餐饮、旅游购物甚至是旅游后的满意度调查等环节加强低碳教育，考虑旅游者是旅游全过程的参与主体，加强他们对低碳生活方式和旅游方式的理解和实践，尤为关键。

六、低碳化发展交流合作模式

加强与国内外旅游院校、培训机构的交流与合作，打造一批高素质旅游师资队伍，充分利用省内部分高等院校的教育资源进行定向招生，吸纳高等专业人才，区域内成立有关旅游专业培训机构，结合旅游产业发展需要，培养一批导游、翻译、营销等各种旅游人才，积极参加"百万人才引进计划"等大型人才招聘活动，拓宽旅游人才吸纳渠道。

坚持自主创新，转变思维理念采取新的手段和方法，加快旅游人才队伍建设，推动旅游行业精神文明建设和行风建设，提高从业人员整体素质，在做好行政性常规旅游教育培训工作的同时，创新教育培训和人才开发理念模式，开展诸如"旅游企业文化节""县民喜爱的导游评选活动"等深受好评的低碳旅游推广活动，为旅游业可持续发展奠定人才基础。

第四节 基于生态文明建设的中国低碳经济法律保障

一、构建低碳经济立法体系

法律是治世安民之重器，是安邦定国的重要手段，构建具有本国特色的低碳经济法律保障体系，做到立法先行，通过完善相应的法律法规，来提高低碳旅游工作的实效性。

(一) 制定蕴含生态文明发展理念的低碳经济基本法

为了实现生态文明更好地发展，在制定政策过程中必须遵循节约自然资源和恢复生态环境的基本原则。在生产生活实践中，采取绿色发展模式，推动生产生活方式朝着高效化、消费手段趋于循环化、环境保护进入常态化转变，确保产业改革与集约化增长模式的实现。通过坚定的政治决心和强硬的法律机制，缓解生态问题，推动改革的深入发展。

现阶段，我国仍处于重要战略机遇期，为了更好地应对新一轮世界竞争，必须注重生态文明建设，将其上升到国家战略层面。在新历史时期下，我国要立足本国国情，制定蕴含生态文明发展理念的低碳经济基本法《低碳经济促进法》，将散落于各部门法或单行法中有关低碳经济的法律规定加以整合，为有关法律出台提供参考，促进低碳经济的健康发展，推动社会主义生态文明建设。

(二) 制定低碳经济法律法规

除了基本法外，还应当对现行的能源环境保护、电力、煤炭等法律法规进行完善，制定低碳经济部门法，构建起有关能源环境保护、煤炭等领域的法律制度，实现低碳转型，促进低碳经济法律制度体系化。与此同时，修订相关配套立法，以规范低碳经济发展，营造良好市场环境，完善低碳经济法律实施有关辅助设施，确保法律制度的落实。

例如，创建低碳经济监察体制；建立二氧化碳排放权市场交易机制、二氧化碳市场管理机制；利用财政、税收、金融等手段制定法律激励机制等，从多个维度、全方位助力低碳经济发展，使立法与社会主义生态文明建设相适应，追求最大的社会效益。

(三) 与时俱进，增强立法内容可操作性

在以基本法统领协调有关法律规定的同时，就重点领域进行法律制度，填补其在立法上的空白，构建起系统化、规范化低碳经济立法体系，确保立法内容与当前国际国内社会发展水平相适应。进入新时代，我国对《环境保护法》《循环经济促进法》《电力法》《可再生资源法》和《水污染防治法》都进行了相应的完善，但还远远不够，还需要在司法实践中加以检验、调整。这些举措为新时代背景下生态文明建设发展保驾护航，有利于我国社会经济高效发展。此外，我国需要就《低碳经济促进法》《能源法》《低碳消费法》以及涉及二氧化碳排放控制、CCS 技术、二氧化碳排放权交易市场等方面的法律进行完善，以便更好地应对全球气候问题，获得在节能减排国际协议中的话语权，树立负责任大国形象，立足本国实情，制定配套规范性法律文件，确保立法内容可操作性和实践性，以便解决更多的实际法律问题。

二、增强低碳经济执法系统的构建

法律的生命力在于实施。为了进一步完善我国现行低碳经济法律保障执法体系，可以从以下几个方面入手。

(一) 严格执法，创建和谐的低碳经济执法环境

加大执法力度，提高有关部门执法能力，使执法人员树立激励与惩处相结

合的执法理念，以确保低碳经济法律法规的落实；执法机关应严格遵循法律的规定与程序要求，明确自身执法任务与使命。在过去一段时间，我国在法律执行过程中存在个别不合理现象，这无疑会给低碳经济法律执行带来了困难，增加执法部门在处理环境违法行为的难度，使法律制度的落实得不到保障。

基于此，应当从法律层面要求执法人员严格遵循法律法规进行执法，规范用法，营造便民和谐的低碳经济执法环境，确保科学立法、严格执法、公平执法，构建科学的低碳经济法律保障体系。在执法过程中，落实对执法人员管理，严格其行政行为。有关部门定期对环境执法人员进行专业法律知识培训，增强他们的执法能力，以便更好地应对新情况、新形势，确保问题得以妥善解决，全面提升执法人员的服务水平。针对执法过程中存在的一些不合理现象，设立监督管理机制，严格惩处违法行为，营造良好的执法环境，助力社会主义生态文明建设。

(二) 权责法定，严格落实低碳经济法律责任追究制度

权利与义务是相统一的，二者具有对等性、一致性。想要实现低碳经济执法目标，必须坚持法律明文规定的职责必须有所作为，法律没有明确说明的坚决不为的执法理念，确保执法责任的落实。目前，针对我国低碳经济执法过程中的不合理行为，需要严格界定环保部门、机构及环境执法人员责任，将责任落实到具体的个人身上。

首先，加大对破坏生态环境、违反低碳经济法律规定企业的民事制裁力度，强化企业社会责任，倒逼企业转变产业结构和生产方式，采取低污染、低排放、高利用率的低碳经济发展模式，以此实现企业的长远发展；其次，落实责任制度，追究违法行为，对管理人员权利进行约束和规范，既让管理人员在行政过程中能大胆实践，也要通过终身负责制，让他们对自身的行政行为承担起相应的社会责任和法律责任。

(三) 构建地方政府绿色 GDP 审查体制

根据《环境保护法》规定，"地方各级人民政府应当对本行政区域的环境质量负责"。然而长期以来，我国政府绩效评估过度强调国内生产总值这一硬性指标，忽视了绿色 GDP 的评估，这种片面的审查机制，与传统粗放式经济增长方式和生态环境保护意识不到位有关。地方政府为了获得更高的产业效益、促进当地经济发展，往往以"经济增长至上"为原则，为了获得更多的社会财富，对当地污染企业的经营发展不加限制。这种以牺牲环境为代价的经济发展做法显然是不可取的，如此一来，低碳经济执法的预期效果就无法实现，执法的严格性得不到保障。基于此，需要转变单一地对经济总量进行评估的方法，采用绿色 GDP 评估方法，注重创新和实践，以五大发展理念的科学内涵界定评价，结合地方政府在生态建设中的成就，落实地方政府对污染企业的监督责任，确保低碳经济有关法律法规的落实，最终实现经济发展与环境保护的协调统一。

三、完善低碳经济司法保障制度

为了维护和促进社会公平正义、司法公正，在社会主义生态文明建设大背景下，从司法角度提高司法人员低碳经济法律素养，构建专业化低碳经济司法机构，健全开放、动态、透明、便利的阳光司法机制，创建科学的低碳经济法律保障体系。

(一) 提高司法人员的法律素养

围绕法律制定、法律执法、法律遵守以及法律适用等方面，通过相应举措，完善低碳经济法律保障体系。在这个过程中，首先要关注司法人员自身的品质，由于法律的使用离不开法官，而法官的责任在于当法律运用到个别场合时，法官能够根据自身对法律的认识进行解释。

同时，打造一批具有扎实法律功底和良好审判素养的后备法官人才，以更好地满足新时代经济社会发展需要。例如，在法院系统全国招考过程中，适当提高环境法学专业人员招录比例，以吸纳更多专业司法人才，这样在处理环境司法案件时才得心应手；通过借鉴最高法院法律案例指引，为地方法院处理因环境纠纷产生的案件提供指导，在吸收借鉴基础上提高地方环境司法审理水平。司法人员还应具备良好的道德品质。

(二) 建立专业化的低碳经济司法机构

一般来说，环境司法案件具有复杂性和跨学科性质，基于此，需要借助全社会力量构建专业低碳经济司法机构，以促进司法执法的规范化，从而提高司法在环境保护中的实效性。现阶段，我国环保法庭约有上百家，尝试这种方法能够有效解决社区环境事务的法律案件，为完善低碳经济法律实践积累经验。然而，部分法庭在实际审判中处理有关环境污染的案例并不多，甚至面临无案可审的局面，究其原因，环境纠纷案件在处理过程中，当事人申请诉讼存在难题，例如证据收集与证明不易，法院在审理案件时取证难度大，这在一定程度上影响了案件判决。鉴于环境司法部门成立尚处于初始阶段，不少审讯过程中制度规范问题尚未得到妥善解决，对此，必须结合自身国情，有选择性地设立专业化、规范化低碳经济司法结构，采取三合一或四合一审判模式处理现实环境纠纷案件，在司法实践中提高环境保护司法水平。

(三) 进一步完善公开、透明、便利的司法管理体制

在推进全面依法治国过程中，我国明确提出要构建开放、动态、透明、便民的阳光司法机制，推进审判公开、检务公开、警务公开、狱务公开，依法及时公开执法司法依据、程序、流程、结果和生效法律文书，打造"阳光型"政府。因此，在司法实践中，必须进一步提高透明度，完善开放、便利的司法体制，及时将司法进程中判案细节审理、法院调查工作和获取信息向案件关系人

进行公开说明，以便他们能及时利用自身诉讼权利进行维权，确保司法过程的公正、公平、公开。同时，根据不同群体实际需要加强法律文书释法说理，借助传统媒体与新媒体等多元渠道，为他们提供全方位、多角度司法服务，以便案件关系人和社会大众便捷获取案件信息，这是司法为民理念的集中表现。在司法进程中确保事务公开透明，有以下重要意义。

第一，保障社会公众对行政执法工作的参与权与监督权；第二，提高了司法公信力，法律执行在公众关注下实行，促使法律工作人员审慎行使权利，恪尽职守，确保了法律的公平公正，有助于构建廉洁高效的司法体系。

四、鼓励公众广泛参与

法律威严存在的源泉，在于公众对法律朴拙的信奉和诚恳的拥戴，公众的权利由法律赋予，而法律的威严则需要公众发自内心的认可。因此，低碳经济法律保障体系的构建，同样离不开公众的拥护与支持，具体可以从以下几个方面入手。

（一）培育低碳经济理念，树立法治意识

积极培育低碳经济理念，引导全社会树立学好法律、遵守法律的意识，营造良好的法治氛围，为全民爱法、用法、遵法、守法奠定理论基础，为创建低碳经济法律保障体系创造便利条件。加强法治思想宣传与教育，注重法律文化知识培养，弘扬法治精神。在思想方面要转变传统观念，树立经济发展与环境保护相协调的发展意识。在自媒体时代下，考虑到一些公众人物具有相当的影响力，事件经过其评述与传播甚至能成为公众舆论热点，在引导社会舆论中起着重要作用，表明现代媒体在弘扬法治意识精神中有着突出效用，我们可以利用新型网络媒体加强法治意识的宣传教育，培养社会公众主人翁意识，引导他们在遵守法律前提下提出合理诉求，自觉践行自身的社会责任与使命，推进全

面依法治国进程。

(二) 完善公众参与制度，维护公众的知情权与监督权

权力的正确运行以保障人民知情权、参与权、表达权、监督权为前提。新修订的《环境保护法》在总则中明确规定"公众参与"原则，并对"信息公开和公众参与"进行专章规定。中共中央、国务院出台的《关于加快推进生态文明建设的意见》指出，"鼓励公众积极参与，完善公众参与制度，及时准确披露各类环境信息，扩大公开范围，保障公众知情权，维护公众环境权益"。上述规定反映出社会公众在社会生活的良好参与以及生态文明建设中的重要作用。对此，相关环保机构可以通过问卷调查、随机访谈、专家座谈等方式，邀请公众参与到环境保护案件中，提高事件处理的科学性、民主性。吸引社会公众了解、参与和监督社会公共事务，有助于完善社会公众参与环保工作机制。同时，支持社会公众对环保问题进行监督，以及将生态破坏行为向有关部门或上级机关进行检举揭发的做法，以调动公众监察环境保护的热情，保障举报人的合法权益。有关机构可以设立举报专项奖金，对客观揭露企业破坏生态和谐行为进行精神与物质的嘉奖，并及时公布事件处理细节，将事件调查结果如实告知。在这个过程中，需要充分保护案件举报人的个人信息和隐私。通过上述举措，有助于构建一个人人参与、人人受益的环保活动系统。

(三) 培育和整合公益性环保组织

在现代社会中，环境治理案件复杂多变，仅靠政府部门是远远不够的，还需要社会各界的共同努力和参与。构建低碳经济法律保障体系，不仅要依靠检察院、环境保护行政机构，更要依靠个人地方环境保护机构和自发公益群体的力量。在当代环境保护中，为了进一步发挥公益性环保组织在环境保护中的积极作用，必须从法律制定角度，明确界定其独立性。例如，在有关法律制定过程中，考虑公益性组织的特殊性、实践性，引导公益性机构以民间团体积极参

与社会环境治理，确保其权力行使的独立性。同时，整合现存公益性机构资源，加强对社会公益性机构督查，确保公益性机构内部科学化、民主化与规范化。在资金运行与财务周转方面，实行科学管理和常态化管理。从政府角度来看，可以通过财政，财税等手段为公益性机构提供政策与资金的支持，让公益性机构在积极参与环保事业过程中无后顾之忧。

总之，公益性机构为环境保护活动注入活力，随着社会各界积极参与到环境保护当中，不仅有利于生态和谐与经济同步发展，更有利于环境政策与法律法规的落实与保障。

第六章　旅游经济发展方式转变的路径研究

第一节　旅游经济发展方式转变的理论路径

一、从"空的世界"到"满的世界"的经济理论变革

传统西方经济学认为旅游经济系统、生态系统和社会系统之间不存在依赖的关系，它们是独立存在的，没有任何内在联系。例如，我国生态哲学家余谋昌先生认为：经济主义在"自然—经济—社会"统一系三大要素中只有一个目标，那就是经济的增长，从还原论方式层面来看，经济主义关注的变量只有一个，即经济增长，而排除了社会（公平）和自然（环境与资源）这两个极为重要的变量，这样就形成了它"反社会"和"反自然"的性质。由此经济理论可以推导出发展的本身就是反生态的，那么它就无法将保护生态作为重要职能，无法担当旅游经济健康发展的重任。

现阶段是以生态经济和知识经济为特征的生态文明时代，真正实现和谐社会发展目标，需要从根本上消除旅游经济乃至整个国民经济不可持续发展的生态环境危机，要做的便是全面改革和创新西方传统经济学思想，换而言之，经济发展需要从"空的世界"转变为"满的世界"。

传统经济学中"空的世界"理论诞生于工业文明时期，它充分体现了工业

文明时期的经济发展特征。在旅游发展过程中的大众旅游发展阶段就充分体现了这一经济学理论。随着旅游经济逐渐陷入不可持续发展的困境，它也面临着严峻的危机。因此，旅游业的发展需要以生态经济、可持续发展理论和循环经济为指导，重塑其经济学理论。

"满的世界"经济发展观的核心为：生态文明时代的经济发展不能超过地球或国家、地区生态系统的发展极限。旅游经济的发展无疑应该以生态文明时代的新兴经济学为指导。其对旅游经济可持续发展的指导意义主要体现在以下几点。

第一，旅游经济发展中生态因素从外生变量向内生变量转变，这将促进生态旅游资源的保护和特色文化的传承。第二，体现了经济发展与可持续性的内在统一性。尽管旅游经济的发展与可持续发展之间存在着矛盾，但只要旅游经济系统的开发、运营和管理活动消耗的资源控制在生态系统的再生能力范围之内，不排放污染或排放量低于生态系统自净能力，旅游经济的发展可以充分实现生态效益和经济效益的统一。第三，旅游经济的可持续发展离不开市场原则、技术原则和生态原则三者的结合与协调。虽然市场机制和技术进步能解决旅游经济发展过程中一些特定的资源环境问题，但是它无法解决地球资源和环境本身的有限性问题。因此，只有将它们与生态学原理相结合，发挥协同效应，才有可能将环境修复转化为生态修复，确保旅游经济的可持续发展。

二、从"生态缺失"到"生态重构"的经济增长模型演进

(一) 传统经济理论视野下的生态缺失

回归现代化增长理论，从现代经济增长的第一个理论——哈罗德-多马尔的理论，到新兴的新增长理论，都有一个共同的特征，即都忽视和低估了经济增长中的自然资源和环境因素。究其原因，形成这种思想特征是新古典经济学

的兴起。从经济学的发展史来看，表现为对古典学派生态思想的摒弃，或对新古典主义思想的某种批判。

随着现代经济的增长，人类对赖以生存的自然资源枯竭问题和生态环境问题逐渐重视。自18世纪中叶以来，自然界遭受的损害比整个史前时代造成的损害还大，人类文明赖以创造经济繁荣的自然资本正在以与物质福利增长成正比的速度流失。在众多经济增长理论的指导下，各经济体的增长实践都在不同时间、不同程度上遭遇了上述经济增长困境。

索洛在索洛经济增长模型中引入了技术因素变量。长期以来，技术进步被当作经济增长的核心要素，与资本增长率、劳动力增长率、资本和劳动力对产出增长的相对作用权数并重。技术进步不仅可以体现在物质资本（资本存量）上，还能体现在劳动者技术水平的提高上。如果技术进步是积极的，那么它对经济增长率就会有利。

索洛模型打破了传统的资本积累是经济增长最重要因素的观点，强调技术进步是经济增长的决定性因素，但仍然假定技术是外生变量，将其排除在考虑范围之外。因为技术是外生的，所以技术进步存在很大的不确定性，因此，很难协调作为外生变量的技术与作为经济增长主要驱动力的技术之间的关系。

内生经济增长模型理论认为，知识的积累是经济增长的长期驱动力。在罗默的罗默模型中，生产要素包括：资本、劳动、人力资本、技术水平。罗默模型将技术进步因素溶于生产函数中，并说明了技术进步与人力资本的关系，促进了该模型对现实经济现象解释力的提升。技术进步直接决定了经济增长的水平，且技术进步又是由内生经济制度决定的，因此，知识资本或人力资本的积累和溢出决定了技术进步的程度。

凸性增长模型认为，强调经济增长的关键因素不是技术进步，而是资本积累（包括物质资本积累和人力资本积累）。这类模型强调资源约束并非经济增长的限制条件，自然资本和人工资本具有替代弹性。即使没有自然资本，产出仍然可以保持不变，因为可以替换为人工资本。所以，因为人们可以创造人工资本代替自然资本，即使自然资本完全枯竭，也不会影响经济发展，以此能够实现经济长期可持续增长。

在前述经济增长模型中，资本、劳动力、技术一直被研究者视为传统要素而受到重视，经济和社会发展基本上是通过对上述要素的投入获得的。在这些因素的推动和影响下，经济发展取得了较大的成就，社会经济系统规模也不断扩大。随之而来的是生态系统的破坏、对环境的污染和资源的枯竭，而这种危机将会对社会经济系统产生较大的影响，从而制约社会经济的发展。

(二) 可持续发展经济理论视野下的生态重构

1. 生态约束的经济增长模型

王海建将耗竭性资源纳入生产函数，结合环境外部性对时间效用的影响，探讨了长期增长过程中资源利用、人均消费与环境质量之间的关系，以及模型的稳态增长——假设社会长期消耗其耗竭性资源存量随着环境污染的情况下，要保持可持续的人均消费，生产过程中耗竭性资源投入与人口增长率之比应小于劳动产出弹性与资源产出弹性之比。

彭水军、包群等学者通过将有限的、不可再生的自然资源引入生产函数，构建内生增长模型，探索人口增长、自然资源枯竭、研发创新和经济可持续增长的内在机制。他们指出在缺少有效技术创新和合理保护与利用资源的情况下，可能会出现负稳态增长率，换而言之，在自然资源不可再生的情况下，无限增长的经济模式是不可持续的。保持高水平、稳定、可持续的经济增长，需要宏观干预，支持人力资本积累，有效提高研发产出效率，依靠科技进步和智力资本开发，用更环保（资源密集度低）的生产活动替代能源、资源以及污染密集的生产活动。

于渤建立了基于 R&D 的内生增长模型，其综合考虑能源耗竭、资源耗竭、环境极限和环境治理成本，并探讨了可持续发展的必要因素，也就是能源资源枯竭速度、治污投入比重与经济增长之间应存在动态关系。

2. 生态要素是旅游经济可持续发展的内生要素

从前述经济模型可以看出，人们对促进经济发展特别是可持续发展因素的认识在不断加深。经济可持续发展的要素经历了初期完全依赖资本积累，到开始注重人力资本和技术水平之间的作用，将技术进步作为经济发展的关键因素。制度学派认为制度是影响经济增长率差异的主要因素。在这个演变过程中，资本、劳动、技术进步、人力资本、制度创新等因素不断融入经济发展的体系。显然，人们在承认这些因素对于经济发展不可或缺的同时，却忽略了最基本的生态因素，即自然资源和生态环境对于经济发展的影响，这个条件是资金、劳动力、技术、制度等发挥价值的基础。

在刘思华教授的《生态马克思主义经济学原理》一书中指出在传统经济学中，自然生态环境通常在经济体系和绿色经济学的理论框架之外，只将其视为人类物质生产实践活动的外部条件，即外部环境，是社会经济运行和发展的外部要素。劳动生产率要素不包括自然生态环境，自然生态环境只是社会经济发展的外部因素。传统经济学是将生态和经济分开的理论。这种理论将人与自然、社会经济与生态环境分离，存在一定的理论缺陷，它不仅将自然当作不变的因素，而且将经济当作是一个独立的系统，不与外部环境相联系，这全面否定了经济的本质特征——自然生态系统与社会经济系统之间存在物质能量和信息的交换，这会促使自然生态环境无法成为劳动生产过程的必要组成部分。同时，还规定在劳动过程中，"外部自然条件"可以随时随地转化为"内部自然要素"。

所以，自然生态要素对旅游经济增长起着不容忽视的影响。在"可持续发展"成为全人类共识的时代背景下,将自然生态要素纳入长期可持续增长的分析框架也是必然趋势。

三、旅游经济发展方式转变的核心理论

(一) 基于生态内因论的生态经济价值

克鲁梯拉是第一个应用可持续发展原理评估环境资源价值的经济学家。他认为,当代人直接或间接利用舒适型资源所获得的经济利益,就是其"使用价值"。

20世纪80年代后期,可持续发展思想传播越来越广,众多环境经济学家沿袭克鲁梯拉的研究思路,深入探讨了环境资源的经济价值,并提出了许多环境资源价值的新概念。最具代表性的是,使用价值和非使用价值构成了生态要素的总经济价值。

使用价值是资源环境在被使用或消费时,满足人们一定需要和偏好的能力。使用价值包括直接使用价值、间接使用价值和选择价值。直接使用价值是环境资源直接满足人们生产和消费需要的能力;间接使用价值是人们从环境所提供的支持生产和消费活动的各种功能中间接获得的利益;选择价值是当代人现在愿意为环境资源的使用做出支付意愿,这由环境资源供需的不确定性和人们对生态风险的态度决定,实际上包含了未来的直接和间接使用价值。

非使用价值即由环境资源的属性所决定的内在效用。这与是否使用环境资源以及如何使用无关。分为存在价值和遗赠价值。存在价值是人类为保证资源和环境的存在而付出的意愿,即存在价值是人们对环境资源价值的道德判断,资源越特殊,其存在价值就越突出。遗赠价值是人们愿意为保护某种资源而支付,这个付出是留给子孙后代,让其享用它的使用价值和非使用价值。遗赠价值是为保护子孙后代消费环境资源的权利而付出的代价。它是人类通过各种

实践活动，投入生态系统中的劳动创造的价值部分，例如对资源环境的研究和保护。

刘思华教授认为，商品价值是社会必要劳动物化在某种经济商品中的表现。这是一种经济系统，通过消耗活劳动和物质化劳动，从生态系统中获取自然物质，且社会必要劳动在加入经济物质的过程中凝结。生态价值是在生态系统中的某些项目中必要社会动力具体化的表达。这是通过经济系统中活劳动和物化劳动的消耗，将其投入生态系统中，使生态系统的自然物质（包括自然资源和自然环境）在使用价值过程中具有社会必要劳动，以满足人类生存和经济社会发展的需要。生态经济价值是社会必要劳动物化为一定的自然经济物质在生态经济系统中的体现。它是商品价值与生态价值的统一。将生态系统自然属性决定的生态价值，与其资源属性决定的生态价值分离的做法是错误的。人类只能顺应自然规律，对生态系统的自然属性所表现出的自然价值做出回应。这样，经济规律才能符合生态系统物质属性所决定的经济价值，社会再生产与自然再生产才能相互联系，社会生产力与自然生产力才能相互协调，经济系统与生态系统才能耦合并相互促进，最终实现人与自然的和谐发展。旅游经济复合系统中生态要素价值的形成和量化，也体现了人与自然、生态与经济之间的关系。

旅游资源和自然生态环境的稀缺性和再生难度，使人们需要不断地投入劳动，才能获得、保护和改善旅游资源和环境。人类在利用生态环境创造生态价值的同时，也生产出具有适应性价值的旅游产品，创造经济系统的商品价值。所以，生态经济价值量为投入补偿、保护和建设一定使用价值的生态环境，以及旅游资源的全部劳动形成的价值量。旅游生态经济复合系统中的生态要素，因耗费了劳动，才具备"生态经济价值"，在社会经济系统中，人们生产旅游产品投入一定的劳动创造优质价值的同时，会创造生态价值，也会产生生态环境负价值，对自然生态系统产生破坏性影响，对旅游经济发展的基础造成威胁。

因此，应正确处理人与自然、生态与经济的关系，提高生态要素的价值，避免出现商品价值为正、生态价值为负的现象，生态价值应是两者的总和，这是保证旅游经济可持续发展的基础。

(二) 基于生态内因论的生态内生化

生态环境内生化理论，是本质上要求人们认识和坚持地球资源环境的有限性理论，建立旅游经济发展可持续边界理论的新概念。这是当代经济思想和理论生态革命的基本理念，就是可持续发展经济学范式的基本思想。从这个角度，可以发现地球资源环境局限性的客观规律：人类经济社会活动需要基于完整的生态系统、源源不断的资源供应和环境容量供应，从而实现经济系统在生态限值内健康运行与协调发展。这样的经济发展才是可持续的。

1994年，刘思华教授在《当代中国的绿色道路》一书中，阐述了"生态内因论"：良好的生态条件和优良的环境质量，直接作为生态经济再生产过程的必要组成部分而存在。它是现代生产力运行的外部环境。且它是现代生产力发展的内在基本要素，应当纳入现代生产力体系。生态环境内因论明确揭示了现代生产力是生态经济生产力，反映了现代生产力运行的整个过程。

自然生态环境是人类的物质生产劳动过程的一个组成部分，作为人类社会经济的内在因素而存在。生产过程作为劳动过程，是人与自然之间的物质变换过程。这意味着所有经济过程，首先是人与自然之间的物质变换过程。自然生态环境是人类社会存在和经济发展的前提，主要表现形式是进入人类物质生产实践的自然形态、自然要素，是社会经济运行和发展内在要素的自然生态环境。

现今，自然生态环境质量直接决定了现代经济增长与发展的速度，以及当代社会经济的可持续发展。实践证明，良好的生态环境是人类生存和现代社会经济发展极为紧缺的生活要素和生产要素。它逐渐从"外部自然条件"转变为"内部自然因素"，呈现出现代经济运行和发展的内部因素与外界因素有机结合、高度融合的新趋势。

旅游经济的产生是基于良好的自然生态条件，旅游经济的发展依赖于生态系统，这都需要自然生态系统提供。保证旅游经济循环运动的物质基础和基本前提是生态系统的旅游资源和自然生态环境。

第二节　旅游经济发展方式转变的技术路径

一、旅游经济发展的生态环境承载力控制

(一) 旅游环境承载力构成模型

旅游环境承载力（TECC）指旅游环境系统能够承受的旅游活动强度，是建立在微观研究基础上、服务于旅游区规划管理的重要工具。合理、科学地构建旅游环境承载力动态模型，对维护旅游业的可持续发展有着重要的理论意义和实践价值。

从旅游者的角度来看，旅游环境的承载力代表了在旅游者感知质量不变的情况下，所能容忍的旅游者数量的最大值，可以用旅游环境承载力表示。人们长期把生态环境的承载能力作为确定合理旅游者数量、限制旅游景区过度使用的重要手段。

(二) 旅游环境承载力指数调测算

1. 旅游者密度指数 VDI（Visitor Density Index）

不同的旅游目的地有不同的价值。也就是说，不同的旅游者密度对旅游目的地的影响（正向和负向）程度和范围不同。VDI 是旅游地的旅游人数与居民人数之比。TBCI（旅游承载力指数）与 VDI 成反比，表明随着旅游者密度指数的增加，当地接待的旅游活动强度有所下降。

2. 旅游经济收益指数 EII（Economic Income Index）

即以旅游经济收益作为社会环境因子的综合性指标，并将经济承载量界定为当旅游地居民和政府的旅游经济收益（等于收入减去漏损）达到某一临界值时所容纳的旅游者人数。TBCI（旅游承载力指数）与 EII 呈正比例关系，即旅游承载力指数随着旅游净收益水平的提高而增加。

(三) 旅游环境承载负荷度

旅游环境承载力（TECC）侧重于描述供应。实际旅游者量 AVQ（Actual Visitor Quantity）侧重于表达需求。为反映介于两者之间的平衡，可引入旅游环境承载负荷绝对指数（TECR）来衡量旅游的环境容量。旅游环境承载力是描述承载力利用状况，或承载力与承载量平衡的重要指标。可表示为：TECR=AVQ/TECC。

旅游环境可持续承载力动态模型分为旅游环境可持续承载状态模型、旅游环境可持续发展模型。其中，后者用于评价旅游可持续发展的基本指标，体现了现状水平。发展模型反映了旅游景区环境承载力的变化趋势，维持生态环境供需平衡，短期内可以通过调整实际旅游者量来实现，从长远来看，旅游目的地的可持续承载可以通过控制旅游环境承载力来实现。

1. 旅游环境可持续承载的状态模型

旅游环境会阻碍旅游者数量的增长。根据旅游地的生命周期原理，旅游目的地发展初期旅游者增长速度较慢，进入旅游的成熟阶段后增速加快，旅游者增长逐渐放缓，一段时间内实际旅游者量 AVQ 的增长在一定程度上服从 Logistic 模型。

当旅游者规模增大时，每个旅游者所占据的个人空间相对较小，将会导致旅游审美感知相对下降；同时，会对敏感的旅游环境系统造成破坏，长期下去会导致旅游环境系统的退化。

2. 旅游环境可持续发展模型的构建

TECC 状态模型是评价旅游环境可持续发展的前提条件，但状态指标反映的是 TECC 当前的状态水平，无法反映出 TECC 的发展变化，也不能反映其发展趋势。TECC 的发展模式（TECC=TECR×AVQ）反映了 TECC 长期随着 AVQ 变化的趋势，可以更直观地显示旅游环境能否长期可持续承受。由于 TECC 的基数是会变化的，通过监测同期各阶段 TECR 的相应变化，可以推断长期效益环境系统是否处于可持续承载状态。

二、旅游经济发展的生态足迹影响评估

旅游活动的开展，必然会占用和消耗区域旅游资源、旅游设施和旅游服务，从而影响区域生态系统和区域旅游业的可持续发展。旅游业是一个主要以资源和环境为基础的行业，其能否实现可持续发展关系到旅游业的生存和发展。为了采取各种措施使旅游业的发展不偏离可持续发展的轨道，旅游生态足迹是满足这一需求的重要手段。

旅游生态足迹是生态足迹在旅游研究中的应用，即在一定的时空范围内，与旅游活动有关的各种资源消耗和废弃物吸收所必需的生物生产土地面积，也就是说，用人们容易感知的面积概念来表达旅游者在旅游过程中消耗的各种资源和废弃物吸收。这种面积在全球范围内是统一的，没有地域特征，具有直接比较性。

旅游生态足迹的分析方法目前已经被应用到旅游业的可持续发展、旅游环境承载力的评价等多个领域。随着这些理论成果和成功实践的论证，以及旅游营销效应和生态足迹理论本身的适用性，旅游生态足迹将在如旅游生态足迹产业、旅游产品生态足迹、目的地旅游生态足迹、旅游企业生态足迹等方面得到广泛应用。

(一) 旅游生态足迹的计算方法

1. 生态足迹的计算方法

生态达标的计算主要基于两个事实：一是人类可以估计自己消耗的大部分资源和能源以及产生的废弃物量；另一个是这些资源和废弃物，可以转化为生产和消纳的生态生产性面积。生态足迹的计算公式为：

$$EF = N \cdot ef = N[r_j \cdot \sum (aa_i)] = N_\sum (C_i/p_i)$$

其中 EF 为总的生态足迹；N 为人口数；ef 为人均生态足迹；j 代表六大土地类型；p_i 为 i 种交换商品的平均生产能力；C_i 为 i 种商品的平均消费量；aa_i 为人均 i 种交易商品折算的生物生产面积；i 为所消费商品和投入的类型；r_j 为均衡因子。

2. 旅游生态足迹的计算方法

(1) 以张锦河、张捷为代表，根据旅游消费的构成，提出了旅游交通、住宿、餐饮、购物、娱乐、观光生态足迹等六个子测算模型，旅游生态足迹是这六个子测算模型计算结果的总和。

(2) 以王辉、林建国为代表，用旅游业对国民经济的贡献率，来表示旅游生态足迹所需生产用地面积占整个地区国内生产总值的比重，进而计算出旅游生态足迹所需生产用地面积的数量，也就是旅游生态足迹。

(3) 以曹新向为代表，借用成熟的生态足迹方式，将各种生物生产力的土地面积通过平均因子换算成等效生产力的土地面积。最后汇总求和，计算出人均生态足迹面积。

(二) 旅游生态足迹的功能与影响

1. 为旅游的生态规划与管理提供定量依据

旅游生态足迹将旅游者的资源能源消耗和废弃物排放迅速转化为具有生物生产力的土地面积，并与旅游地的生态需求进行对比叠加，为旅游目的地管理部门决策、规划、使用提供量化证据。以九寨沟自然保护区漳扎镇为例，张锦河等人测算了旅游业发展对九寨沟自然资源和生态环境的影响及其程度，探索以生态足迹方式为基础制定对当地居民生态补偿机制和标准，为其他自然保护区的生态开发和管理提供依据；王辉等人利用生态足迹模型，对我国各地旅游生态足迹和生态环境承载力进行了测算分析；杨桂华等人相信旅游业的生态足迹可以用来衡量不同类型旅游企业的生态需求；程春旺等人通过对生态足迹和生态容量的测算，定量描述旅游者流转对旅游地生态环境和生态状况的影响，为旅游地的生态规划和管理决策提供了科学参考。

2. 定量为旅游经济的可持续发展提供依据

旅游生态足迹是定量评价旅游业可持续发展的一种新方法。根据不同的研究范围，旅游生态足迹还可以应用于旅游产业、旅游目的地、旅游者等方面，发挥衡量可持续性的作用。鲁丰先等人认为应采取有效的技术或措施，调节相关因素，鼓励生态旅游、民俗旅游、农业旅游等旅游方式，是降低旅游生态足迹的重要手段。付国基等根据旅游生态足迹理论方法以及实践研究，指出了旅游者的生态影响，及其主要影响因素和旅游产业结构效益，能明确旅游业结构调整、优化方向，为旅游业可持续发展提供量化参考。

3. 测算旅游业整体发展水平及其经济效益

旅游生态足迹模型引入生物生产性面积指标，将为旅游产业结构的效益分析、旅游活动对目的地资源和能源消耗的影响、旅游业与其他产业的比较提供较为简单的框架。生态产业本质、盈余等定量化的反映地区旅游产业的发展现状，通过盈余情况，可以判断旅游产业内部过程中需要调整的部分和增长维度的状况。

第三节 旅游经济发展方式转变的市场路径

一、旅游市场供给的生态化

(一) 旅游企业管理观念的生态化

1. 社会生态经济人的理性回归

在传统管理理论下,虽然社会在物质形态上取得了巨大的繁荣和增长,但随之而来的是人与自然、生态和自身关系的失衡。因此,当人类进入以知识经济和生态经济为特征的新经济时代,人类开始反思过去人和自然、人与人关系的发展观念、经济理论和管理实践。寻找生态危机、人性危机的根源,探索重构生态文明时代的全新管理理论——绿色管理理论。

人类要摆脱生态危机,就要寻求人与自然的和谐关系。人类的物质需求和社会需求在以往的管理理论中均有所体现,而人类的基本生态需求却一直被忽视。生态需求是人类一切需求的基础。没有生态需求的满足,就没有物质财富和精神财富的创造。因此,绿色管理理论的基础是重新认识人和自然的关系,实现人与自然和谐发展。人既不是自然的中心,也不是自然的主宰,人类需求和利益的实现要建立在充分尊重自然规律的基础上,不能破坏自然生态,要努力促进自然资源和生态环境的和谐共生。人与自然和谐相处是实现人与自身、人与人之间和谐相处的基础。

实现人与自然的和谐,人类除了需要正确认识和处理与自然的关系,还需要思考如何处理人与自身的关系、人与人之间的关系。人与人之间的关系实质上属于社会生态,人与自己的关系是一种心理生态。实现社会生态学和心理生态的和谐,需要自然生态来推动,人们对自然的新认识以及处理与自然关系的态度转变象征着人类的世界观、价值观和文化精神发生了深刻变化。它意味着人类文明的进步，也为生态和谐与心态和谐提供了动力，生态和谐与心态和谐反过来又为持久的生态和谐创造了社会人文条件和心理基础。因此，绿色管理所定义的人，包括追求利益的经济人、追求归属感的社会人、回归自然的生态人，即三者结合的生态社会经济人，追求整体和谐，共同发展。

2. 管理理念的绿色革命

为满足快速增长的生态旅游消费需求。在旅游活动的旅游经济各个方面，旅游经济的利益相关者，特别是从事旅游经营的企业，要注重能源、产品和环境的管理，最大限度减少污染，减少并妥善处理废弃物和有害物质。节约资源，实行绿色设计、清洁生产，实现经济效益、社会效益和生态效益的统一。

旅游企业要重视自然生态和资源环境的保护，引导旅游者消费活动，实现生态和谐，同时还要注意处理企业内外的各种人际关系，重视员工的全面发展，打造绿色的企业文化和氛围，达到生态和心态的和谐。此外，旅游企业还要充分认识到自然生态和旅游资源的价值，充分发挥其观赏体验和教育功能，以满足不断扩大的旅游市场需求，获取经济效益，实现物质和谐，为生态和谐、心态和谐提供物质基础。

旅游企业的绿色经营也应承担一定的社会责任，主要体现在：提供一定的就业机会，促进特色文化保护，造福社区居民，维护生态环境，保护旅游资源，塑造绿色旅游企业形象，引导健康可持续的旅游消费方式，使企业管理职能不仅体现在物质层面，更体现在精神层面；兼顾物质财富与精神财富的增长，实现人类与自然的内在和谐与外在和谐。

旅游经济涉及很多利益主体，且都有自己的目标。旅游企业作为利益主体之一，不仅要追求自身目标的实现，还要综合考虑旅游经济发展的整体性，将旅游经济可持续发展作为自身发展的前提，积极处理与其他利益主体的关系。

衡量生态、物态和心态的价值取向。实现与其他利益主体目标的共生发展。

(二)旅游企业管理方法的生态化

1. 强化旅游生态经济关系

(1)处理与自然的关系。旅游企业与自然的关系非常密切。良好的生态环境和多样的自然资源是其吸引力所在。旅游企业连接了消费者和旅游资源。旅游资源也是一种需要大力保护的资源，旅游企业与旅游资源的关系，不仅是简单的利用关系，还包括维护、投入、提升的关系。否则，旅游企业将失去持久的竞争优势和可持续发展的基础。在将旅游资源加工成旅游产品并面向市场销售的过程中，需要坚持生态保护原则，尽量减少对生态环境和自然资源的破坏。

(2)处理与物质的关系。追求利润是企业经营的主要任务之一，也是企业长期生存和发展的主要资金来源。此外，企业希望投资于生态和环境的保护，同样需要依靠经济利益中的收入和利润支撑。所以，企业要努力提高生态旅游资源的利用效率，降低使用成本，增加利润。但旅游企业经济系统的运行依赖于生态系统，所以在衡量企业的成本和收益时，应该考虑生态成本和环境成本，从而真正体现企业的盈利状况。反之，如果企业的利润不能弥补生态环境和自然资源的损失，那么旅游企业仍然无法实现可持续发展的目标。因此，企业对经济利润的追求要适度，不能超过生态系统和环境的容量、承载能力，一味追求经济指标的增长。

(3)处理与社会的关系。在社会环境中，企业与社会的其他成员有着多种多样的社会关系，需要承担相应的社会责任，促进社会文明发展，社会的发展会反过来为企业的长远发展创造有利条件。如果企业能够建立一个和谐的社会关系网，就会拥有为企业带来无形利益的社会资本，提高企业的管理效率。

企业的社会资本不仅来自自身的历史积累，也得益于后天的自我创造和再生。企业的社会关系不仅存在于企业与外部的交往中，也存在于企业与内部的关系中。企业可以借助广泛的外部网交换社会资源，借助内部和谐关系将社会资源转化为资本。旅游业本身就具有较强的综合性，而旅游企业与社会上的其他个体有广泛的交流和联系，因此，争取社会资本的积累是非常重要的。

(4) 处理与人的关系，包括以下几种情况。

①企业和员工。员工即人力资本，是充分体现其他资源价值的主观能动因素。生态旅游企业对员工的管理，不仅是激发员工的潜能，更要注重员工的全面发展，包括生理和心理、经济利益和人格塑造。人力资本效率实际上与人类发展的状态和水平密切相关。只有对人力资本进行激发和培养，人才的真正价值才能得以实现，实现人的可持续发展，最终促进企业的可持续发展。

②企业和旅游者。旅游者是旅游企业的服务对象，也是企业获取利润的主要人文基础。企业主要是通过满足旅游者的需求来实现自身的经济目标，而企业要全方位满足旅游者的需求，旅游者除了传统的物质和心理需求外，也是有生态需求的个体。所有其他需求的满足都需要立足于这个自然基础。企业的绿色文化不仅要体现在对内部员工行为的约束和规范上，还要积极引导旅游者的行为，与旅游者保持稳定的关系，促使企业获得长期的利润和发展空间。

③企业与竞争者。旅游市场的竞争日趋激烈。竞争可以促使企业提高服务质量和服务水平，完善市场秩序。在发展大旅游的背景下，旅游企业也应该对与竞争对手的关系有新的认识，才能变"生死存亡"的单赢局面为个体发展的"双赢局面"。企业之间进行联合，共同进行市场调研、宣传和引导，扩大生态旅游市场规模，共享部分资源，提高资源利用效率，节约成本，共同服务生态旅游市场和旅游者，最终共享利益。

2. 制定绿色管理制度

(1) 绿色资源管理。建立绿色资源管理体系，可以体现旅游企业对自然和生态价值的尊重。企业应该营造生态意识和环境保护氛围，每个员工都应该充分认识生态环境和资源修复的难度，理解企业承担的生态使命和环境责任，每个环节都需要节能降耗，通过自身实际行动促进有限生态旅游资源的保护。

企业要积极运用绿色生产技术、绿色工艺和绿色设计，在向市场提供旅游产品的过程中，减少生产加工过程对资源的过度使用，减少旅游对环境和生态造成的破坏。

（2）绿色财务管理。应适当改革传统的会计核算体系，引入新的变量和评价指标，实行绿色财务管理，以准确评价企业"生态—经济—社会"复合系统的发展和运行状况。其中推行绿色会计和绿色审计制度尤为重要，将自然资源和生态环境成本纳入企业会计体系，真实反映企业盈利情况和生态保护程度。

绿色会计的主要计量尺度仍然以货币为主，依据有关环保法律法规，研究旅游企业发展与环境保护的关系，测算并记录旅游企业污染、环境保护、开发利用等成本费用，评估企业环境绩效及环境活动对企业财务成本的影响。绿色审计是审计机构和审计人员对旅游企业环境管理及相关经济活动的真实性、合法性、有效性进行审查，以评价旅游企业的环境管理责任，推动旅游企业加强环境管理，为实现可持续发展战略而进行的独立、系统的监督活动。

（3）绿色人力管理。企业管理不应是毫无温度的技术管理和人际关系的体现，应由传统管理向绿色管理转变。这种转变除了要靠企业与自然、企业与社会的和谐关系来实现外，还需要建立员工与员工之间的和谐关系。

旅游企业应将员工视为具有不同动机和复杂需求的有机个体，努力营造良好的人际关系和人与环境的关系，最大限度地激发员工的潜能和积极性。此外，企业还应关心员工的身心健康，通过企业与自然、社会的和谐相处，塑造员工的和谐人格，使员工将工作视为使命而不是任务，将企业的命运与自身的发展紧密联系在一起，并将良好的态度和优质的服务传递给旅游者和外部公众，实现人与人之间的和谐。

(三) 旅游企业生产方式的低碳化

1. 旅游景区及旅游交通的低碳旅游企业行为

旅游景区不仅需要保障山清水秀，还要注意不能过度开发建设，景区设计也要考虑环保因素，在设计中注意使用环保新材料。旅游交通中鼓励公共交通、电动车、自行车等低碳或无碳的方式。如果一定要坐飞机，应该尽量选择使用新燃料、节约能源的机型。此外，飞机起降时，能量消耗和有毒物质排放量都很大，所以最好选择直达航班，避免不必要的转机造成资源浪费和环境破坏。乘坐火车旅行是一种环保的方式，对于旅途中间的某些超短途距离或路线，可以适当选择步行或骑自行车，因为这是最环保的旅行方式。这些行为都是为了保护景区环境。

2. 旅游酒店的低碳旅游企业行为

在旅游业发展进程中，旅游酒店是碳排放的主要贡献者。酒店应主要强调便利性和舒适性，继续执行绿色饭店行业标准。旅游住宿不仅需要提供安全的房间和健康的食品，还应强调节能环保。

3. 旅行社的低碳旅游企业行为

各旅行社要多推出环保产品和低碳旅游线路，注重旅行社的口碑和低碳关注度，不能只关注经济利益。既要保护好原有旅游地，更要支持整个旅游业的健康可持续发展，支持和参与低碳旅游计划，引导旅游者热爱和保护旅游地的自然、人文环境，设计以资源节约型、环境友好型旅游景区为主的低碳旅游项目和线路。

综前所述，绿色资源管理促进了企业与自然关系的协调发展，使企业共享生态和谐带来的经济利益；绿色财务管理使企业清晰认识生态和资源的价值，促进资源的合理利用和自然环境的保护；绿色人力管理使人的经济作用得以发挥，能够积极追求与自然的和谐关系，自觉调整好自己的精神状态，齐心协力营造和谐的社会环境，提高企业的社会资本，企业可以从不断增加的社会资本和日益和谐的"人地"关系中获益。

二、旅游市场消费的绿色化

(一) 旅游消费需求的生态化

日益增长的生态需求与环境负荷之间的矛盾越来越尖锐，这让人们不得不产生担忧。生态需求在生态经济复合系统中具有负反馈作用。换言之，由于生态需求的产生和增长，所以，人类在动态发展过程中会有意识地调整生态经济系统的平衡。

人类社会越文明、越先进，人类满足需求的层次就会越高。生态需求是现代人类最基本的需求，会随着现代社会文明的进步而变化的一种自然需求，其本质是现代人类创造的一种社会需求。它是一种对精神文明、物质文明和生态系统完善的优美环境的追求。生态需求是在人类需求发展的高级阶段出现的，它反映了人们生理、物质和精神文化需求的统一趋势，人类社会文明进步离不开生态需求。

人的出行消费需求包括四个层次：第一个层次是对物质的需求，满足基本的温饱需求；第二个层次是享受的需要，主要是改善吃住行条件；第三个层次是人文的需求，对文化等无形产品的精神需求和对个人社会地位、集体利益的社会需求；第四个层次是生态需求，人们对良好的旅游环境质量和完善的旅游生态结构的需求。

人类的旅游消费需求逐渐呈现生态化趋势，也就形成了旅游生态消费。旅游生态消费基于可持续发展理论、消费生态学思想，在这两种思想的指导下对一种新型生态型消费行为的高度概括，它和可持续旅游发展理论都是由国际公认的可持续发展理念演化而来。在旅游生态消费过程中，消费者与自然、历史、社会文化进行"交换",从而满足自身的生态需求、物质需求和精神需求。

(二) 旅游消费行为的生态化

1. 可持续旅游消费模式的建立

(1) 科学把握可持续旅游消费的内涵和实质。可持续旅游消费指既能满足当代人发展需要,又不损害后代人满足其旅游消费发展需要能力的旅游消费。它是可持续消费理念在旅游消费领域的体现,是对旅游消费理念的反思,是综合各种积极的旅游消费观念后形成的理论结果。它是可持续消费理论、可持续旅游发展理论和旅游发展实践有机结合的产物。它强调无论是旅游资源、旅游设施、公共产品消费,还是旅游消费理念、旅游健康消费政策的选择,都要有强烈的生态环境意识和可持续发展理念。

可持续旅游消费是一种全新的休闲旅游消费行为模式。它将整个旅游消费活动看作一个整体、一个可持续发展的过程:第一,要突破传统消费观,将旅游消费置于"自然—社会—经济"的多维空间,在减少资源使用、不污染环境的前提下,提高人们的旅游品质和生活享受;第二,是建立合理的管理和协调资源环境、旅游消费者的物质和精神需求、旅游经济的可持续效益和社会的公平合理性等。

旅游可持续消费是通过选择不危害环境、不损害子孙后代的旅游产品和服务,来满足人们生活需要的一种理性消费方式。旅游可持续消费不仅充分尊重地球生态系统,又确保子孙后代和当代人有同样的选择机会,它是一种科学的旅游消费方式。它不是贫困导致的消费不足和富裕导致的过度消费之间的协调,而是一种全新的、先进的、合理的消费方式,是符合全球可持续发展目标的消费形式。

(2) 科学制定和实施可持续旅游消费发展战略。可持续旅游消费不仅是旅游消费的一个新概念,也是一种新型的旅游消费行为。明确可持续旅游消费的历史使命,牢牢把握市场需求导向,以旅游消费者为中心,整合各类消费需求,推出适合可持续旅游发展的旅游产品和旅游服务，合理激发和引导旅游消费，有序发展旅游经济，适应新时代国家和人民改善旅游消费环境的需要，实现旅游业可持续发展。

厘清其科学本质，为制定科学、可持续的旅游消费发展战略，并在旅游业的发展实践中有效实施奠定了理论基础。可持续旅游消费发展战略的有效实施直接促进了旅游可持续发展的全面实现。

以大众能接受的理念为基础，着眼于维护和提升旅游消费群体的旅游环境质量，最终将社会生产对旅游消费的转变与旅游消费者生活方式的改变相结合，实现旅游消费的可持续发展。这种演变和变革是对传统"大众旅游消费"的创新，本质上体现了人的理性回归。随着全球性旅游消费生态化、文化化、社会化的协调发展，旅游消费必然进入"旅游者个体约束增强—效用下降、消费者剩余减少—技术与市场创新—旅游资源存量与增量增多—约束条件减少—消费总量上升—旅游产业的可持续发展"的良性循环和可持续发展的轨道。

2.低碳旅游消费方式的选择

（1）强化低碳旅游发展优势。我国的旅游业发展为低碳发展奠定了良好的基础。长期以来，开发绿色能源旅游资源，打造绿色旅游产品，开展绿色旅游经营，落实绿色旅游管理，培育绿色旅游消费，已成为行业和市场的共识。在这个过程中，充分体现了低碳旅游优势，也将构成我国旅游业发展的长期重大机遇。第一，作为服务业的重要组成部分，旅游业占用的资源少，很多资源可以得到可持续利用，自然形成了碳排放少的突出优势。第二，多年的实践表明，旅游业的发展与环境息息相关，会促进环境的改善，有利于承担碳责任，减少碳债务。因此，低碳经济是人类的未来，低碳旅游是旅游业的未来。

发展低碳旅游，培养低碳生活方式，构建低碳旅游发展战略，主要围绕三个重点。一是改变现有旅游发展模式，同时，积信引导公共交通、电动汽车、自行车等低碳无损方式，增加低碳旅游项目。二是扭转奢侈旅游的趋势，特别是交通和餐饮，能源消耗问题严重，要减少碳排放。同时，在开发旅游产品和旅游服务方面，加强旅游设施的便捷、舒适功能，提升文化品牌，改变旅游消费中的浪费现象。三是加强旅游业智能化发展，提高运营效率，同时全面引进节能减排技术，减少碳消耗，降低运营成本，从而形成全产业链的循环经济模式。

（2）低碳旅游消费者的培养。随着环保意识的增强，每一位旅游者都可以为"低碳旅游"贡献力量。对于旅游者来说，低碳旅游消费方式的转变可以通过以下低碳旅游行为来实现。

积极减少碳排放的主要方式：少坐飞机，如果要坐飞机那就少带一些行李；减少自驾游，和朋友合用车减少碳排放，尽量使用小排量或混合动力的车，旅游生活中增加步行和自行车的使用；住宿时选择不提供一次性用品的酒店，自带牙刷、牙膏、拖鞋等旅游用品；选择淋浴，洗衣服自然晾干，少用或不用洗衣机；旅途中少用空调，不使用一次性餐具；自觉捡拾废弃垃圾，维护景区环境；不购买过度包装的旅游纪念品等。

主动做"碳补偿"：除了在旅途中尽可能选择低碳的出行方式外，还可以在出行结束后计算自己的碳排放量。通过植树造林等措施，开展"碳补偿"，减缓气候空化，减轻地球负担。

第四节　旅游经济发展方式转变路径的保障措施

一、旅游经济发展方式转变路径的政策保障

（一）旅游经济发展政策

相关部门应制定有效的财政和货币政策，直接或间接干预旅游业的发展和

经营。通过财政手段，引导和调控旅游建设项目投资资金流向，推动旅游业结构调整和合理发展；通过国际组织贷款、直接资助、设立境外旅游产业基金等多元化融资方式，积极引进外资开发特色旅游产品，保护旅游资源；借鉴国内外先进经验，发展旅游税和旅游资源税，所得收入用于旅游基础设施建设、旅游资源开发和生态环境保护，实现环境效益与经济社会效益的有机结合。相关部门要把生态环境和旅游资源保护纳入财政预算，对生态环境和旅游资源保护的投入要作为财政支出的重点，并逐年增加。在旅游规划中，大力支持发展环境友好、资源节约型的生态旅游项目。旅游开发单位要向环境保护主管部门缴纳一定数额的押金，作为不破坏以自然环境、生物多样性、传统文化为代表的生态旅游资源的经济约束，如果在规划和开发过程中存在破坏生态旅游资源的行为，则应接受相应的经济制裁和处罚。

在旅游经营方面，充分利用税收和价格杠杆，让资源使用者和污染排放者承担相应费用，以减少资源浪费和环境破坏。构建生态环境补偿制度，加快研究实施环境税，开征以景区门票和酒店客房租金为基础的旅游环境调节税。约束旅游者和旅游厂商的行为，让他们分担维护景观资源价值的成本，让当地社区居民也能成为生态旅游的受益者，促进经济社会和生态的共同可持续发展。

在旅游核算方面，传统的旅游经济核算侧重于对旅游经济增长的评价和计量，不考虑旅游活动造成的环境资源损失，结果往往体现为虚假的增长现象，不考虑生态和环境成本，夸大旅游业的经济效益、经济功能和效果，使决策者和旅游开发经营者只关注有限的经济收入，忽视对资源和环境的破坏，不利于旅游经济的可持续发展。因此，应在旅游业广泛推广绿色核算，将旅游经济增长、生态旅游资源和环境状况纳入统一的核算体系，以最少的旅游资源成本增加旅游产值。

关于旅游收入的分配，应正确认识旅游资源保护、培育与旅游经济发展之间的相互关系，制定政策，从而确保旅游资源开发收益在资源培育、管理和开发方面公平、科学、合理分配，推动旅游资源保护、培育和开发共同可持续发展。

在旅游消费方面，推动传统旅游消费向绿色旅游消费转变。绿色旅游消费可以促进旅游经济的进一步增长，而完善绿色消费政策和实施消费法则是提高旅游者绿色旅游消费质量的有力政策举措。

(二) 旅游资源补偿机制

1. 建立旅游资源经济补偿机制

在旅游资源的开发上，经济补偿机制表现为社会或旅游开发的受益者，要为自然资源和生态环境的保护和建设付出足够的劳动。社会或旅游开发的受益者为保护和建设旅游资源和生态环境而使用的劳动量的最低标准，是能够防止旅游资源和生态环境进一步恶化。主要方式包括：征收生态环境补偿税和设立生态环境保护基金。体现"责任制"的原则，将这部分资金有计划地用于实施各项环境建设项目、建设区域生态示范工程，进一步恢复和改善生态环境，促进、规范经济和环境的发展。征收的资源税将设立财政专项账户，专门用于旅游区资源和环境保护。如果资源和环境保护责任由管理机构承担，资金将被支付给管理机构。如果经营者承担了资源和环境保护责任，这笔资金可以返还给经营者进行弥补。

2. 建立旅游资源生态补偿机制

生态补偿措施主要是恢复植被覆盖率。植被补偿有原地补偿和移位补偿两种方式。原地补偿是指充分利用"创伤面"进行墙、阳台种植，空地绿化、立体种植或交叉利用。移位补偿是指加强周边地区的植被覆盖，通过这两种形式，实现旅游目的地的环境绿化。就地取材进行旅游开发建设，在材料的选择上，充分利用旅游的自身资源，减少外界物质的输入，实现物质循环和输入输出的平衡，减少运输过程中的道路损坏和噪声污染，减少空调使用率，使人工建筑与自然环境形成良性循环。

3. 建立旅游资源政策补偿机制

政策性补偿是以规划为导向,以项目扶持等方式支持和培育生态脆弱地区,在经济欠发达地区实施环境保护,通过政策优惠和实施差别待遇,激发这些地区保护资源环境的积极性。继续实施生态搬迁、异地开发等补偿方式,在制度和政策层面进一步加大对异地开发和生态移民的支持力度。

(三)生态环境政策

目前在一些地区,旅游开发和旅游行为造成的旅游污染和环境破坏较为严重,有些甚至影响了旅游资源的开发利用。为改变这种状况,有必要通过有效的环境政策保护旅游区的环境。相关部门应采取积极有效的干预措施,不仅要考虑旅游资源的开发建设、设施的合理布局、生态平衡的维护等,还要与地区重点发展项目紧密对接,支持相关行业减少实施的盲目性、局限性和不必要的损失,努力消除旅游产业发展中的外部不经济,承担起保护生态环境和旅游资源的责任。

环保部门应该严格评价存在于旅游区已经建设、拟建的每一个项目,对于不符合环境标准的项目,要坚决予以取缔,对于正在建设或运营的项目,应当遵守国家和地方有关环保规定,开征"环境税"或颁发"无污染奖",尽量减少对环境的影响。在建或运营中的项目,应当遵守国家和地方有关环保规定,实行微观管控;严格控制人工景区建设,维护景区自然生态;限制野生动物保护区内旅游者的行动,从而保障野生动物保护区内的野生动物不受人为干扰。

通过制定低碳的旅游政策,实现绿色旅游。低碳能源旅游的形成有赖于旅游从业者的推动和旅游者自觉主动的行为,以及有关部门大力推动低碳旅游政策的制定,例如进一步发展壮大绿色环保企业,制定政策,支持宾馆、饭店、旅游点等旅游企业使用新能源、新材料;适时全面引进节能减排技术,减少温室气体排放，减少碳消耗，最终形成全产业链循环经济模式。旅游政策的制定还应着眼于旅游业的可持续发展，扩大生态旅游、农业旅游比例，通过积极引入低碳旅游指标考核管理，实现绿色旅游。

(四) 旅游资源绿色产权制度

在资源产权的界定上，产权管理者的缺位将导致自然资源和文化传统无人问津，最终导致"公地悲剧"。因此，有必要采用绿色产权制度，防止这种现象的进一步恶化。

建立现代产权制度，要责权明确、流转顺畅，进一步规范绿色产权，追求资源效益和生态平衡。即强调资源的有效利用和生态的维护与平衡，从而有利于整个社会经济的可持续生存和发展。绿色产权制度是适应经济可持续发展的市场化制度框架。其实质是建立生态环境政策与经济政策相结合的经济体系，将自然资源和生态环境的成本纳入经济行为的标准化和绩效考核，从而促进经济与资源的协调发展，以生态环境和经济绩效为基础，对各种经济行为进行制约和规范，促进生态环境资源和经济资源的生产、交换实现有效配置。鼓励经济主体从物质利益的角度保护、合理利用生态环境资源，推动资源向无污染、少污染、效益高的产业和项目转移，为促进旅游经济持续发展提供动力机制和有效的制度保障。

二、旅游经济发展方式转变路径的法治保障

(一) 旅游法

旅游法主要明确了旅游产业的功能、地位、属性和发展目标，在可持续发展战略思想的指导下，规范旅游资源的保护和合理开发利用，确保旅游产业的可持续发展。

旅游法以旅游者权益保障为主线，并在一定程度上突出了对旅游者权益的

保护。总得来看，这部法律一方面注重平衡各方权益，另一方面在维护权益总体平衡的基础上，更加突出以旅游者为本，加强旅游者权益保护的规定。国家保护原则为旅游者合法权益的保护提供了法律保障。

(二) 与旅游资源相关的法律

由于旅游产业的特殊功能及其在实现旅游产业可持续发展战略目标中占据着重要的地位，特别是那些被列为重点保护对象的宝贵的生态旅游资源，要实施严格的法律保护制度，不仅关注资源的经济价值，还应充分重视旅游经营资源的生态价值和社会价值，在旅游经济发展过程中平衡好地方和旅游开发经营者的经济导向、生态导向和社会导向。

(三) 与旅游区直接相关的法律

通过对生态旅游区的环境立法，加强环境监测评价和环境影响评价，制定生态旅游环境标准。为生态旅游环境的管理和评估提供具有法律意义的评价标准和技术依据。通过自然保护区开发立法，使自然保护区的旅游开发从长远利益出发，立足于生态环境的承受能力和旅游资源的可持续利用。应在保护的前提下进行适当的开发建设，将严格保护、合理发展、科学管理纳入法治轨道。积极探索娱乐产业和社会文化、生态环境协调发展模式，从而促进人与自然和谐相处。

三、旅游经济发展方式转变路径的社会保障

(一) 生态伦理意识教育

建立良好的社会经济秩序要从可持续发展的生态经济伦理教育入手。在市场经济体制下，加强面向可持续发展的经济伦理教育，有助于形成公开、公平、公正、和谐的市场经济伦理。防止生态旅游活动过程中的不良经济秩序和个人不良作风，实现生态旅游的可持续发展。

可持续发展生态经济伦理教育是一项综合性、普遍性和长期性的系统工程。需要做到：一是为旅游地的开发商、旅游管理人员和从业人员提供培训，使他们在生态旅游的开发和运营中自觉地运用生态原则，推出真正的生态旅游产品，满足生态旅游市场的需求；二是提高旅游者的生态意识、环境意识和可持续发展意识，让他们自觉地用生态学原理指导旅游活动，成为负责任的生态旅游者；三是向当地居民开展生态和环保教育，改变他们的生产、生活方式，从而支持发展生态旅游，积极参与生态旅游的开发经营；四是通过标本、视频宣传生态旅游知识，让生态旅游活动真正成为促进人与自然和谐相处的桥梁，起到提高公众生态意识和环保观念的作用，促进生态旅游产业可持续发展。

(二) 可持续发展观念教育

通过宣传教育提高公众对可持续发展的认识是一个长期的过程。可持续发展理念的培训需要根据不同人群进行，主要内容是生态意识和环保理念。对当地居民的培训不仅要针对那些直接或间接支持生态旅游活动的居民，还要从学生做起，在当地中小学开设环境保护和资源保护方面的专题课程，或者在学校开设专题讲座，让受教育的居民积极、自觉地形成保护环境的观念，让学生从小树立珍惜生态环境的意识。

对旅游开发经营者的培训，要从管理人员和员工的培训入手，旅游经营者的生态素质是决定企业经营价值取向。要采取多种形式，提高管理者的生态环境意识。对从业人员环境教育培训，可以将环境和生态问题纳入生态旅游产品生产经营主体的基础教育和职业教育，提高从业人员旅游环境一体化的观念。

通过对居民和旅游开发经营者进行生态意识和环保理念的教育和培训，还可以发挥他们在旅游活动中的引导和规范作用，帮助旅游者改正依赖不良旅游习惯和不文明的行为。促使他们在旅游过程中自觉履行生态责任和环境义务，成为有责任、有担当的旅游者。

参考文献

[1] 原静. 低碳经济与旅游经济发展研究 [M]. 青岛：中国海洋大学出版社，2021.

[2] 马潇，韩英. 旅游景区开发与区域经济发展 [M]. 太原：山西经济出版社，2021.

[3] 陈晓春. 低碳经济与公共政策研究 [M]. 长沙：湖南大学出版社，2011.

[4] 王鸣柳. 旅游景区综合发展研究 [M]. 广州：广东旅游出版社，2021.

[5] 肖岚. 低碳旅游理论与实践研究 [M]. 天津：天津大学出版社，2019.

[6] 姚治国. 旅游生态效率原理与应用 [M]. 天津：南开大学出版社，2018.

[7] 冯凌，梁晶. 生态旅游与可持续发展 [M]. 北京：旅游教育出版社，2018.

[8] 马勇. 旅游生态经济学 [M]. 武汉：华中科技大学出版社，2016.

[9] 李志勇，查建平，刘俊，等. 低碳旅游发展路径研究：基于可持续发展实验区的探索与实践 [M]. 成都：四川大学出版社，2017.

[10] 丁新旗，吕春莉，王艳. 低碳旅游发展策略探讨 [M]. 济南：山东人民出版社，2017.

[11] 蔡萌. 低碳旅游：从理论到实践 [M]. 北京：中国旅游出版社，2018.

[12] 刘军. 区域旅游业生态效率测度及比较研究 [M]. 武汉：华中科技大学出版社，2018.

[13] 石德生. 低碳旅游产业论 [M]. 南京：东南大学出版社，2014.

[14] 陈娟娟. 基于低碳经济视域的都市农业旅游市场及政府干预分析[J]. 农业经济, 2016(6):143-144.

[15] 宋艳. 低碳经济视域下我国旅游产业发展对策建议[J]. 对外经贸, 2016(4):76-77.

[16] 孙乐. 低碳经济背景下我国旅游经济发展的策略研究[J]. 牡丹江教育学院学报, 2016(4):120-121.

[17] 郭文进. 基于低碳经济视角的旅游景点营销与管理的相关思考[J]. 旅游纵览(行业版), 2015(24):244,246.

[18] 兰图, 赵瑞杰. 低碳经济下发展低碳旅游的探索[J]. 现代交际(学术版), 2017(1):74-75.

[19] 陈子豪. 基于现代经济发展模式下旅游开发的途径[J]. 金融经济, 2017(4):42-43.

[20] 杨正怀. 基于低碳经济视角下的中国旅游经济发展模式探析[J]. 农村经济与科技, 2016,27(14):19-20.

[21] 张馨. 浅谈我国低碳旅游的发展[J]. 商场现代化, 2016(19):240-242.

[22] 张海燕. 低碳经济视角下绿色旅游发展研究[J]. 现代营销(下旬刊), 2019(10):115-116.

[23] 彭艳, 黄贵平. 低碳经济视角下旅游经济发展模式研究[J]. 赤峰学院学报(汉文哲学社会科学版), 2019,40(4):95-97.

[24] 孔倩倩. 低碳经济背景下我国旅游经济发展模式思考[J]. 智库时代, 2019(9):7-8.

[25] 张继方. 低碳经济背景下中国旅游产业发展模式研究[J]. 商场现代化, 2018(9):183-184.

[26] 薛宇豪. 低碳经济下旅游业绿色发展研究[J]. 合作经济与科技, 2021(14):

46-47.

[27] 岳杰. 低碳经济背景下我国旅游经济发展模式思考 [J]. 科技经济市场, 2021(6):34-35.

[28] 李志. 低碳经济视角下我国旅游经济的绿色发展研究 [J]. 普洱学院学报, 2020,36(4):22-24.

[29] 朱嘉瑶, 刘啸, 马静, 等. 国内低碳旅游研究近十年回顾：基于 CiteSpace 知识图谱分析 [J]. 中国集体经济，2020(22):77-78.

[30] 胡思雨. 北极地区海温增暖现象及海洋热浪事件研究 [D]. 南京：南京大学，2021.

[31] 沈子力. 外强迫和内部变率对北极海冰年代际变率的影响 [D]. 南京：南京信息工程大学，2022.

[32] 朱大奎, 王颖. 环境地质学 [M]. 2 版. 南京：南京大学出版社，2020.